Schriften zum Kunst- und Kulturrecht

Herausgegeben von

Band 15

unterstützt durch

Institut für Kunst und Recht
IFKUR e.V.

CIAM
ZENTRUM FÜR INTERNATIONALES KUNSTMANAGEMENT
Kunstakademie Düsseldorf
Robert-Schumann-Hochschule Düsseldorf
Hochschule für Musik Köln
Kunsthochschule für Medien Köln

UNI GRAZ
KOMPETENZZENTRUM FÜR
KUNST- UND KULTURRECHT

Prof. Dr. Matthias Weller/Prof. Dr. Thomas Dreier
Dr. Nicolai Kemle (Hrsg.)

Kunsthandel – Kunstvertrieb

Tagungsband des Fünften Heidelberger Kunstrechtstags am 7. und 8. Oktober 2011

Nomos DIKE facultas.wuv

Die Deutsche Nationalbibliothek verzeichnet diese Publikation in der Deutschen Nationalbibliografie; detaillierte bibliografische Daten sind im Internet über http://dnb.d-nb.de abrufbar.

ISBN 978-3-8329-7693-4 (Nomos Verlag, Baden-Baden)
ISBN 978-3-03751-455-9 (Dike Verlag, Zürich/St. Gallen)
ISBN 978-3-7089-0923-3 (facultas.wuv Verlag, Wien)

1. Auflage 2012

Vorwort

Der vorliegende Tagungsband enthält die Beiträge des Fünften Heidelberger Kunstrechtstags, den das Institut für Kunst und Recht IFKUR e.V. in Kooperation mit dem Institut für Informations- und Wirtschaftsrecht des Zentrums für angewandte Rechtswissenschaft (ZAR) des Karlsruher Instituts für Technologie (KIT) am 07. und 08. Oktober 2011 in der Heidelberger Akademie der Wissenschaften veranstaltet hat. Unter dem Generalthema „Kunsthandel – Kunstvertrieb" kamen wieder Grundfragen und aktuelle Brennpunkte des Kunstrechts zur Sprache.

Im ersten Teil zum Kunsthandel erläuterte Prof. Dr. *Markus Müller-Chen*, Universität St. Gallen, rechtliche und faktische Risiken des internationalen Kunstkaufs. Dr. *Thilo Winterberg*, Kunstauktionshaus Winterberg, Heidelberg, schilderte Entwicklungen in der Praxis eines Kunstauktionators aus eigener Erfahrung und stellte insbesondere das „Frühwarnsystem"des Bundesverbandes Deutscher Kunstversteigerer in Gestalt eines „Archivs kritischer Werke" vor, das problematische Einlieferungen, insbesondere Fälschungen, rechtzeitig vor Versteigerung erkennen lassen soll. Prof. Dr. Dr. h.c. mult. *Erik Jayme*, Institut für ausländisches und internationales Privat- und Wirtschaftsrecht der Universität Heidelberg sowie IFKUR-Beirat analysierte anhand von Fallstudien aus eigener Bietererfahrung Pflichten und Obliegenheiten im Kunstauktionwesen im Spannungsfeld von Einlieferern, Experten, Auktionshäusern und Ersteigerern und präsentierte dabei von ihm ersteigerte Werkoriginale. Prof. Dr. *Raimund Stecker*, LehmbruckMuseum Duisburg, erörterte das Für und Wider des Deaccessioning im Konflikt zwischen Verpflichtung aus Eigentum einerseits und Beweglichkeit des haltenden Museums andererseits. Er konnte die Schriftfassung seines Beitrags leider nicht mehr rechtzeitig fertigstellen.

Im zweiten Teil zum Kunstvertrieb schilderte *Birgit Maria Sturm*, Geschäftsführerin des Bundesverbandes Deutscher Galerien und Kunsthändler, Berlin, das Arbeitsverhältnis von Galerien und Künstlern als Ausdruck eines pragmatischen Realismus. *Anja Casser*, Geschäftsführerin des Badischen Kunstvereins e.V., Karlsruhe, stellte Geschichte, Konzeption und praktische Arbeit des Vereins vor. RA Dr. *Bruno Glaus*, Glaus & Partner Rechtsanwälte, Uznach, untersuchte die Spaltung von Kunstwerken aus rechtlicher Sicht. RA Dr. *Timo Prengel*, Hamburg, zeichnete die aktuelle Diskussion um die Rechte des Sacheigentümers an Abbildungen an seinem gemeinfreien Kunstwerk nach. RA Dr. *Urban v. Detten*, Hogan Lovells International LLP, Hamburg, referierte zum „Rücken der Bilder" und der rechtlichen Erheblichkeit von Hängungsanweisungen.

Die Realisierung des Fünften Heidelberger Kunstrechtstags ist der großen und großzügigen Unterstützung zahlreicher Personen und Institutionen geschuldet: An erster Stelle stehen die exzellenten Vor- und Beiträge der Referentinnen und Referenten. Hinzu tritt die großzügige Förderung der Tagung durch die Artima-Kunstversicherung der Mannheimer Versicherungsgruppe sowie die Unterstützung durch den Nomos-Verlag. Der Nomos-Verlag ermöglichte überdies das Erscheinen des vorliegenden Tagungsbands. Viele IFKUR-Vereinsmitglieder wie auch ZAR-Studierende und Promovierende trugen zum Gelingen der Tagung bei. Ohne die umsichtige Korrektur der Beiträge durch Wiss. Mit. Rüdiger Pfaffendorf, Ref. iur. Felix Michl und Ref. iur. Carl Zimmer, alle Heidelberg, sowie Ref. iur. Jörg Wünschel, Karlsruhe, hätte der Tagungsband nicht die redaktionelle Qualität erreicht, in der er nun vorliegt. Die Herausgeber danken hierfür herzlich!

Die anhaltend hoch erfreuliche Resonanz auf den Heidelberger Kunstrechtstag mit knapp 100 Teilnehmern aus dem In- und Ausland ermutigt die Veranstalter zur nächsten Runde – den Sechsten Heidelberger Kunstrechtstag am 28. und 29. September 2012 in der Heidelberger Akademie der Wissenschaften unter dem vorläufigen Generalthema „Raub – Beute – Diebstahl". Informationen finden sich alsbald wie gewohnt unter www.heidelberger-kunstrechtstag.de.

Matthias Weller, Wiesbaden
Nicolai Kemle, Heidelberg
Thomas Dreier, Karlsruhe

Inhaltsverzeichnis

Grußwort der Heidelberger Akademie der Wissenschaften 11
Erik Jayme

Teil 1: Kunsthandel 13

(Rechtliche) Risiken beim internationalen Kauf von Kunst 15
Markus Müller-Chen

I. Einleitung 15
II. Gerichtsstand und anwendbares Recht 16
1. Internationale Zuständigkeit 16
2. Anwendbares Recht 18
a) Rechtswahl 18
b) Objektive Anknüpfung 19
3. Anwendung öffentlich-rechtlicher Kulturgüterschutznormen 20
III. Untergang oder Beschädigung des Kaufgegenstands durch Fremdeinwirkung 22
1. Gefahrübergang nach CISG 22
a) Beim Versendungskauf 23
b) Andere Fälle 23
2. Rechtsfolgen 24
IV. Mangelnde Sorgfalt der Vertragsparteien 25
1. Pflichten des Käufers 25
2. Pflichten des Verkäufers 27
a) Allgemeines 27
b) Verpackung des Kunstwerks 28
V. Transportrisiken 29
VI. Zusammenfassung 31

Abwehr und Schutzmaßnahme gegen kritische Werke im Kunsthandel: „Datei kritischer Werke im Intranet des BDK“ 33
Thilo Winterberg

Pflichten und Obliegenheiten im Kunstauktionswesen: Einlieferer, Experte, Auktionshaus, Ersteigerer – einige Fallstudien 37
Erik Jayme

I. Vertragliche und außervertragliche Schuldverhältnisse 37
II. Der fragliche Trübner: „Herbstlicher Wald“ 41
III. Anselm Feuerbach: Zeichnung mit Darstellung einer Treppe aus den Giardini Giusti in Verona 45
IV. Dritte Fallstudie: Friedrich Nerly, Fassade des Palazzo Barbaro-Curtis in Venedig 49
V. Schlussfolgerungen 53

Teil II: Kunstvertrieb 55

Pragmatischer Idealismus: Aspekte des Arbeitsverhältnisses von Galerien und Künstlern 57
Birgit Maria Sturm

I. Vorbemerkung 57
II. Galerien und Künstler im Betriebssystem Kunst 58
1. Die Galerie 58
2. Die Zusammenarbeit von Künstler und Galerist 59
3. Betriebssystem Kunst 61
II. Kulturwirtschaftliche Rahmenbedingungen der Galeriearbeit 62
1. Steuerrecht: Ermäßigter Mehrwertsteuersatz für bildende Kunst 64
2. Sozialrecht: Künstlersozialabgabe 65

Kunstvertrieb durch Kunstvereine? 69
Anja Casser

I. Einführung 69
II. Kunstvereine – Geschichte und Funktion 70
1. Der Badische Kunstverein heute 69
2. Kunstvereine im Vormärz 73
3. Der Kunstverein als Netzwerk 74

III. Kunstausstellung und Markt 77
1. Kunst- und Industrieausstellung 77
2. Aktiengesellschaft und Losverein 79
3. Mitgliederausstellung und Jahresgaben 80
4. Bilder auf Reisen 82
VI. Fazit 83

Die Spaltung von Kunstwerken aus rechtlicher Sicht 85
Bruno Glaus

I. Einleitung 85
II. Beispiele aus der Praxis 87
III. Die Spaltung aus restaurations-ethischer Sicht 89
IV. Spaltungs- und Freilegungsvorgänge aus rechtlicher Sicht 91
V. Anspruch auf Begutachtung? 93
VI. Anspruch auf Abschreibung – droit de non-paternité? 94
VII. Unterlassungs- und Wiederherstellungsansprüche? 94
VIII. Vertraglich vereinbartes Bearbeitungsrecht 95
IX. Privilegien für Hauseigentümer 96
X. Spaltung von Fotoserien 96
XI. Veränderungen des Konzepts / des Kontextes 96

Abbildungen gemeinfreier Kunstwerke – Rechte des Sacheigentümers 99
Timo Prengel

I. Einleitung 99
II. Sacheigentum und Urheberrecht 100
1. Panoramafreiheit als Schranke des Sacheigentums? 101
2. Gemeinfreies Werk und Sacheigentum 102
III. Recht am Bild der eigenen Sache 103
1. Eigentum am fotografierten Kunstgegenstand 103
a. Fotografieren des Kunstgegenstands 103
b. Verwertung der Sachansicht 103
aa. Standorttheorie – Recht am eigenen Raum 104
(1) Schloss Tegel 104
(2) Friesenhaus 104
(3) Preußische Schlösser und Gärten 105
bb. Auswirkungen auf Kunstausstellungen 106
2. Lichtbildschutz an der Reproduktion und Ansprüche des Grundstückseigentümers 108
3. Verwertung durch Dritte – Herausgabe der Nutzungen 109
IV. Zusammenfassung 110

Die Rücken der Bilder – rechtliche Relevanz von Hängungsanweisungen 111
Urban von Detten

Grußwort der Heidelberger Akademie der Wissenschaften

*Erik Jayme**

Liebe Kolleginnen und Kollegen, meine sehr verehrten Damen und Herren!

Herzlich darf ich Sie in den Räumen der Heidelberger Akademie der Wissenschaften begrüßen und Ihnen dafür danken, dass Sie zum V. Heidelberger Kunstrechtstag gekommen sind. Ich trete hier in einer Doppelrolle auf, nachher als Referent, jetzt als Mitglied der Heidelberger Akademie der Wissenschaften, der wir dafür dankbar sind, dass wir unsere Tagung hier veranstalten dürfen.

Die Heidelberger Akademie ist trotz ihres Namens die Landesakademie von Baden-Württemberg. Sie wurde 1909 mit Hilfe einer Privatinitiative gegründet und war zunächst die Großherzoglich badische Landesakademie, die in der Nachfolge der Kurpfälzischen Akademie stand. Die Akademie ist nicht nur eine Vereinigung von Gelehrten, sondern sie betreibt vor allem langjährige wissenschaftliche Großprojekte, die über die Möglichkeiten der Universitäten hinausgehen wie etwa das „Deutsche Rechtswörterbuch". Sie verfügt über zwei Klassen, die philosophisch-historische Klasse und die naturwissenschaftliche Klasse, deren Sitzungen teils getrennt, teils als Gesamtsitzung stattfinden. Hinzu tritt die „Junge Akademie", in der sich ausgewählte jüngere Wissenschaftler zu gemeinsamen Projekten zusammenfinden. Jede Klasse wird von einem Sekretar geleitet. Seit 2009 ist Sekretar der philosophisch-historischen Klasse die Musikwissenschaftlerin Professor Dr. Silke Leopold. Sie leitet zugleich die Forschungsstelle der Akademie „Geschichte der südwestdeutschen Hofmusik im 18. Jahrhundert". Ziel dieses Projektes ist die umfassende Sammlung und Aufbereitung der archivalischen und musikalischen Quellen zur Sozial- und Institutionsgeschichte der südwestdeutschen Hofkapellen.

Der Bau, in dem wir uns befinden, ist das Großherzogliche Palais am Karlsplatz, das dem Großherzog von Baden als Aufenthaltsort diente, wenn er in Heidelberg weilte. Er war nämlich Rector Magnificus der Universität. Hier lebten auch die Prinzen des badischen Hauses, die in Heidelberg studierten. Im Treppenhaus kann man das Staatsporträt Großherzog Leopolds I. bewundern.

Meine Damen und Herren: Nochmals Dank für Ihr Kommen. Ich wünsche der Tagungen einen erkenntnisreichen Verlauf.

* Prof. Dr. Dr. h.c. mult. Erik Jayme, Institut für ausländisches und internationales Privat- und Wirtschaftsrecht der Universität Heidelberg, IFKUR-Beirat; Mitglied der philosophisch-historischen Klasse der Heidelberger Akademie der Wissenschaften.

Teil 1: Kunsthandel

(Rechtliche) Risiken beim internationalen Kauf von Kunst

*Markus Müller-Chen**

I. Einleitung

"*Art is a commodity like pork bellies or wheat*".[1] Natürlich ist Kunst so viel mehr als schnöde Schweinebäuche oder Weizen. Aber trotz allem Genuss und aller Freude, die uns Kunst bereitet, ist sie auch Handelsware und Investitionsgut und als solche Teil des Geschäfts- und Rechtsverkehrs. Aufgrund ihrer Eigenheiten stellt sie aber in vielerlei Hinsicht eine Herausforderung für das Rechtssystem dar, welches eben doch eher auf pork bellies zugeschnitten ist. Im internationalen Verhältnis akzentuieren sich die rechtlichen Schwierigkeiten angesichts der mannigfaltigen Einflüsse unterschiedlicher Rechtstraditionen. Es kommt hinzu, dass der Kunstmarkt nach wie vor relativ resistent ist gegen den Abschluss ausgefeilter schriftlicher Verträge. Vertrauen, Diskretion, Gepflogenheiten und Bräuche bilden das Grundgerüst des Kunstgeschäfts.

Von einer vollständigen Auflistung aller mit einem internationalen Kunstkauf verbundenen Risiken sind wir angesichts der zeitlichen Restriktionen weit weg. So lasse ich insbesondere die Besonderheiten des Auktionswesens außer Betracht. Wir konzentrieren uns auf Fragen der internationalen Zuständigkeit im Falle einer Auseinandersetzung, auf das auf den Kauf anwendbare Recht sowie die Risikotragung bei der unverschuldeten Zerstörung oder Beschädigung des Kaufobjekts. Behandelt werden zudem Risiken, die sich aus mangelnder Erfüllung wichtiger Rechtspflichten der Parteien ergeben – Parteien, die stärker auf die künstlerische und ökonomische Seite des Geschäfts fixiert sind als auf rechtliche Finessen. Zur Sprache kommen schließlich auch faktische Risiken, welche mit dem internationalen Transport von Kunst verbunden sind.

* Prof. Dr. iur. Markus Müller-Chen, Rechtsanwalt, Ordinarius für Privatrecht und Rechtsvergleichung an der Universität St. Gallen. Die Vortragsform wurde beibehalten. Ich danke Frau Lara Kopp, B.A. HSG in Law and Economics für ihre wertvolle Mitarbeit bei der Vorbereitung und Redaktion des Beitrags.

1 LANEY SALISBURY und ALY SUJO, Provenance, New York 2009, S. 19 ff. (das Zitat wird Eugene V. Thaw, NY Times vom 3.2.1985, zugeschrieben); GÜNTHER PICKER, Kunstgegenstände & Antiquitäten, München 2000, S. 63 ff.

II. Gerichtsstand und anwendbares Recht

1. Internationale Zuständigkeit

Bevor Aussagen über das auf einen internationalen Kunstkauf anwendbare Recht gemacht werden können, muss überlegt werden, vor welchem Forum eine allfällige Streitigkeit ausgetragen wird.[2] Im vorliegenden Zusammenhang beschränke ich mich auf *schuldrechtliche* Fragen. Aus Zeitgründen ausgeklammert bleibt die schwierige Problematik der *sachenrechtlichen* Berechtigung an einem Kunstwerk.[3]

Haben die Parteien ihren gewöhnlichen Aufenthalt in verschiedenen Staaten und wird der Rechtsstreit vor einem Schweizer Gericht oder einem Gericht eines EU-Mitgliedstaats ausgetragen, sind die Regeln des LugÜ[4] bzw. der EuGVVO[5] maßgeblich. Für Klagen aus oder im Zusammenhang mit einem Kunstkaufvertrag ist dabei grundsätzlich das Gericht am Wohnsitz des Beklagten oder – subsidiär – am gewöhnlichen Aufenthalt zuständig. Darüber hinaus besteht unter gewissen Voraussetzungen die Zuständigkeit am vertraglichen Erfüllungsort und am Ort der Niederlassung einer Partei.

Den Parteien steht es frei, eine Gerichtsstandsvereinbarung abzuschließen (Art. 23 LugÜ bzw. EuGVVO). Diese muss gewissen Formvorschriften genügen; gemäss Art. 23 Nr. 2 LugÜ bzw. EuGVVO reicht aber eine Form, die den Nachweis durch Text ermöglicht (z.B. E-Mail). Allerdings ist im Zusammenhang mit dem Kauf von Kunst eine wichtige Einschränkung anzubringen. Erfolgt der Erwerb des Kunstwerks zu einem Zweck, der nicht der beruflichen oder gewerblichen Tätigkeit des Käufers zugerechnet werden kann, sind die Prorogationsmöglichkeiten der Parteien beschränkt (Art. 17 LugÜ bzw. EuGVVO). Der Verbraucher kann die Klage gegen seinen eine berufliche oder gewerbliche Tä-

2 Die Ausführungen im nachfolgenden Abschnitt II sind eine zusammengefasste und überarbeitete Version von MARKUS MÜLLER-CHEN, Crux mit dem Eigentum an Kunst, AJP 2003, S. 1269 ff.; MARKUS MÜLLER-CHEN und MARC-ANDRÉ RENOLD, in: Peter Mosimann, Marc-André Renold und Andrea F.G. Raschèr (Hrsg.), Kultur Kunst Recht, Schweizerisches und Internationales Recht, Basel 2009, Kap. 6 Rn. 111 ff.; MARKUS MÜLLER-CHEN, Neuere Entwicklungen im internationalen Sachenrecht, AJP 2005, S. 273 ff. sowie MARKUS MÜLLER-CHEN, Grundlagen und ausgewählte Fragen des Kunstrechts, ZSR 2010 II, S. 5 ff.

3 S. weiterführend MÜLLER-CHEN (Fn. 2), Grundlagen und ausgewählte Fragen des Kunstrechts, S. 103 ff.

4 Übereinkommen vom 30. Oktober 2007 über die gerichtliche Zuständigkeit und die Anerkennung und Vollstreckung von Entscheidungen in Zivil- und Handelssachen (Lugano-Übereinkommen, LugÜ), SR 0.275.12.

5 Verordnung über die gerichtliche Zuständigkeit und die Anerkennung und Vollstreckung von Entscheidungen in Zivil- und Handelssachen (EuGVVO), Verordnung Nr. 44/2001 des Rates vom 22.12.2000.

tigkeit ausübenden Vertragspartner entweder am Wohnsitz des Beklagten oder an seinem eigenen Wohnsitz erheben (Art. 16 Nr. 1 LugÜ bzw. EuGVVO). Der Vertragspartner, also z.B. der Galerist, kann umgekehrt nur am Wohnsitz des Verbrauchers z.B. auf Bezahlung des Kaufpreises klagen (Art. 16 Nr. 2 LugÜ bzw. EuGVVO). Damit stellt sich die wichtige Frage, unter welchen Voraussetzungen ein Verbraucherkauf von Kunst anzunehmen ist.

Für die Zwecke des LugÜ bzw. der EuGVVO gilt als Verbraucher nur eine *natürliche* Person. Es ist der nicht berufs- oder gewerbebezogen handelnde, private Endverbraucher.[6] Maßgebend ist die objektive Stellung des Käufers bezogen auf Natur und Zweck des konkreten Vertragsverhältnisses.[7] Die Festlegung des Verwendungszwecks obliegt primär dem Käufer. Dieser muss dem Geschäftspartner aber bekannt bzw. mindestens aufgrund der Umstände erkennbar sein.[8] Kauft z.B. der Geschäftsführer eines Berliner Auktionshauses bei Bruno Bischofberger in St. Moritz ein Werk von Andy Warhol erkennbarerweise für seine Ferienwohnung, ist er trotz seiner persönlichen Fachkunde Verbraucher i.S.v. Art. 15 LugÜ bzw. EuGVVO.

Ferner wird vorausgesetzt, dass der Vertragspartner entweder im Wohnsitzstaat des Verbrauchers eine berufliche oder gewerbliche Tätigkeit ausübt oder eine solche auf irgendeinem Weg auf den Wohnsitzstaat des Verbrauchers *ausrichtet.* Zudem muss der Vertrag in den Bereich dieser Tätigkeit fallen (Art. 15 Nr. 1 lit. c) LugÜ bzw. EuGVVO). Besonders im Zusammenhang mit dem Betrieb einer Website fragt sich, wann die Tatbestandsvariante des „Ausrichtens“ der Tätigkeit auf den Wohnsitzstaat des Verbrauchers erfüllt ist. Besonders nieder- und mittelpreisige Kunst wird in großem Umfang über das Internet abgesetzt. Der EuGH hat in den Fällen Pammer/Reederei Schlüter und Hotel Alpenhof/Heller Indizien zur Entscheidung entwickelt, ob eine Tätigkeit des Gewerbetreibenden auf den Wohnsitzstaat des Verbrauchers "ausgerichtet" ist. Solche Kriterien sind vor allem der internationale Charakter der Tätigkeit, die Angabe von Anfahrtsbeschreibungen oder einer Telefonnummer mit internationaler Vorwahl, die Benutzung einer anderen Sprache als die des Anbieters, die dem Kunden gewährte Möglichkeit in der eigenen Währung zu bezahlen etc. Demgegenüber reicht die bloße Zugänglichkeit einer Webseite nicht aus, auf der

6 Jan Kropholler, Europäisches Zivilprozessrecht, Kommentar zu EuGVO, Lugano-Übereinkommen 2007, EuVTVO, EuMVVO und EuGFVO, 9. Aufl., Frankfurt am Main 2011, Art. 15 EuGVO Rz. 6 f.

7 EuGH 3. Juli 1997, Benincasa, RS C-269/95, Nr. 16.

8 Ulrich Magnus, in: Julius Staudinger (Hrsg.), Kommentar zum Bürgerlichen Gesetzbuch mit Einführungsgesetz und Nebengesetzen, Neubearbeitung 2011, Berlin 2011, Art. 6 Rz. 46.

sich eine Galerie lediglich präsentiert, einige Bilder von Kunstwerken aufschaltet und Kontaktinformationen ohne internationalen Bezug vermittelt.[9]

2. Anwendbares Recht

a) Rechtswahl

Primär unterliegt der internationale Kunstkaufvertrag dem von den Parteien gewählten Recht (Art. 116 CH-IPRG[10], Art. 3 Rom I-VO[11]). Die Rechtswahl muss nicht schriftlich erfolgen, sie kann sich auch – unter der Voraussetzung der Eindeutigkeit – aus dem Vertrag oder aus den Umständen ergeben. Der Kunsthandel macht jedoch erfahrungsgemäß wenig Gebrauch von dieser Möglichkeit. Ausnahmen bilden Verträge, die von anwaltlich beratenen Parteien abgeschlossen werden. Allerdings darf nicht verkannt werden, dass es im Einzelfall auch ohne Rechtswahlklausel zu einer parteiautonomen Festlegung des anwendbaren Rechts kommen kann, so z.B. wenn beide Parteien sich in einem gerichtlichen Verfahren übereinstimmend auf ein Recht berufen (BGE 119 II 176).

Liegt ein Verbrauchervertrag vor, ist nach Art. 120 Abs. 2 CH-IPRG eine Rechtswahl gänzlich ausgeschlossen, nach Art. 6 Abs. 2 Rom I-VO unter dem Vorbehalt des Günstigkeitsprinzips hingegen im Grundsatz möglich. Im Kern geht es um die typischen Konsumverträge, d.h. Leistungen, welche üblicherweise von Privathaushalten am Markt nachgefragt werden.[12] Daher wird in der Regel der Kauf von niederpreisiger Kunst ein Verbrauchergeschäft, Kauf von hochpreisiger Kunst hingegen keines sein.

9 SALIM RIZVI und SILVIO ALONSO, Zum Begriff des «Ausrichtens» in der EuGVVO und dem Lugano-Übereinkommen sowie der Bedeutung für den E-Commerce, recht 2011 2, S. 77 ff., S. 80; MATEUSZ PILICH, Ausrichten der Tätigkeit des Unternehmers auf den Wohnsitzstaat des Verbrauchers, Anm. zum Urteil des EuGH vom 18. Mai 2010, verb. Res. C-585/08 Pammer/Reederei Karl Schlüter GmbH & Co. KG und C-144/09 Hotel Alpenhof GmbH/Heller, GPR 4/11, S. 178 ff., S. 179 ff.; ALEXANDER WITTWER, EuGH-Rechtsprechung zur EuGVVO aus den Jahren 2009 und 2010, ZEuP 2011, S. 636 ff., S. 647 ff.

10 Bundesgesetz vom 18. Dezember 1987 über das Internationale Privatrecht (IPRG), SR 291.

11 Verordnung (EG) Nr. 596/2008 des Europäischen Parlaments und des Rates vom 17. Juni 2008 über das auf vertragliche Schuldverhältnisse anzuwendende Recht (Rom I).

12 ALEXANDER BRUNNER, in: Heinrich Honsell et al. (Hrsg.), Basler Kommentar Internationales Privatrecht, 2. Aufl., Basel 2007, Art. 120 Rz. 24.

b) Objektive Anknüpfung

Liegt keine Rechtswahl vor, wird aus den nachfolgenden Gründen in sehr vielen Fällen das *Übereinkommen der Vereinten Nationen über Verträge über den internationalen Warenkauf* (CISG) vom 11. April 1980 maßgeblich sein. Mit Ausnahme des Vereinigten Königreichs Großbritannien und Nordirland sind praktisch alle wichtigen Kunsthandelsnationen Vertragsstaaten des CISG.

Haben beide Parteien des Kaufvertrags ihre Niederlassung in Vertragsstaaten des CISG, kommt dieses direkt zur Anwendung (Art. 1 Abs. 1 lit. a CISG).[13] Das CISG muss unter gewissen Voraussetzungen jedoch selbst dann beachtet werden, wenn eine der Parteien ihre Niederlassung nicht in einem Vertragsstaat des CISG hat. Dies ist vereinfacht gesagt dann der Fall, wenn nach den Kollisionsregeln des Forums auf den konkreten Kaufvertrag das Recht eines Vertragsstaats und somit das CISG Anwendung findet (Art. 1 Abs. 1 lit. b CISG). Zur Verdeutlichung ein Beispiel: Kauft ein Londoner Kunsthändler eine Skulptur von Jeff Koons in einer Heidelberger Galerie, kommt aufgrund von Art. 4 Abs. 1 lit. a Rom I-VO deutsches Recht als Verkäuferrecht zur Anwendung. Im Rahmen seines sachlichen Anwendungsbereichs sind die Bestimmungen des CISG maßgeblich, da Deutschland Mitgliedstaat des CISG ist. Mutatis mutandis gilt dies auch für die Schweiz. Diese Ausführungen zeigen, dass das CISG in vielen Fällen auf internationale Kunsthandelsverträge Anwendung findet; vielfach wird dies den Parteien aber gar nicht bewusst sein.

Ein kleiner, aber feiner Unterschied zwischen Deutschland und der Schweiz existiert beim praktisch bedeutsamen Messekauf. Nehmen wir an, ein deutscher Kunsthändler erwerbe ein Werk von Max Beckmann am Stand einer Berner Galerie an der Messe Art Cologne. Kommt es z.B. wegen behaupteter Sachmängel zu einem Prozess in der Schweiz, führen die in der Schweiz maßgeblichen Vorschriften zur Anwendbarkeit des *deutschen* Rechts.[14] Erfolgt jedoch die Auseinandersetzung vor einem deutschen Gericht, weil z.B. der Käufer nicht zahlt, folgt aus Art. 4 Abs. 1 lit. a Rom I-VO im Grundsatz die Maßgeblichkeit des *schweizerischen* Rechts als Verkäuferrecht.[15]

13 Momentan gibt es 76 Vertragsstaaten; außer England, Irland, Malta und Portugal gehören alle EFTA und EU-Mitgliedsstaaten dazu. Eine jeweils aktualisierte Vertragsstaatenliste findet sich unter www.uncitral.org.

14 Art. 118 Abs. 1 CH-IPRG i.V.m. Art. 3 Abs. 2 des Haager Übereinkommens betreffend das auf internationale Kaufverträge über bewegliche körperliche Sachen anzuwendende Recht, SR 0.221.211.4; für die Schweiz am 27.10.1972 in Kraft getreten, übrige Vertragsstaaten: Dänemark, Finnland, Frankreich, Italien, Niger, Norwegen, Schweden.

15 Eine Ausnahme zu Gunsten des Ortsrechts gilt beim Messekauf nur dann, wenn der Kauf auf der Messe vollständig abgewickelt wird (MAGNUS (Fn. 8), Art. 4 Rom I Rz. 214). Gerade bei Kunstkäufen im oberen Preissegement ist dies aber nicht der Fall; die Regulierung des Kaufpreises erfolgt in aller Regel später.

Gemäß Art. 2 lit. a CISG fällt der Verkauf eines Kunstwerks an einen privaten Sammler nicht in den Anwendungsbereich des CISG, wenn dieser bei Vertragsschluss beabsichtigt, das Kunstwerk ausschließlich privat zu nutzen.[16] Der private Gebrauch wird durch gelegentliches Ausleihen des Kunstwerks für Ausstellungen m.E. nicht zur Geschäftstätigkeit. Die Abgrenzung zwischen privatem Gebrauch und Geschäftstätigkeit ist in jedem Einzelfall aufgrund des Zwecks des Geschäfts, seiner Natur und unter Berücksichtigung der gesamten Umstände zu fällen.[17] Anders als unter Geltung von Art. 6 Rom I-VO sind nur private *Käufe*, nicht aber private *Verkäufe*, vom Anwendungsbereich des CISG ausgeschlossen.[18] Auf diese Geschäfte und sämtliche nicht vom CISG abgedeckten Rechtsfragen findet das nach dem maßgeblichen Kollisionsrecht berufene, unvereinheitlichte nationale Recht Anwendung.

Im Rahmen seines Geltungsbereichs findet das CISG zwingend Anwendung. Die Parteien können zwar ausdrücklich oder konkludent vertraglich darauf verzichten (Art. 6 CISG: Opting-out), dies wird in der Praxis des Kunsthandels im Gegensatz zu anderen Bereichen wohl aber eher selten der Fall sein.

3. Anwendung öffentlich-rechtlicher Kulturgüterschutznormen

Beim internationalen Kauf von – vor allem höherpreisiger – Kunst sind öffentlich-rechtliche Kulturgüterschutznormen für den Käufer ein nicht unbeträchtliches Risiko. Zahlreiche Staaten kennen Bestimmungen zum Schutz von bestimmten Kulturgütern, wie z.B. Exportverbote.[19] Damit wird die Handelbarkeit von Kulturgütern beschränkt oder gänzlich ausgeschlossen. Die kollisionsrechtliche Behandlung solcher als Eingriffsnormen[20] zu qualifizierenden Vorschriften

16 BERNARD AUDIT, La vente international de marchandise, Paris 1990, S. 28; FRANCO FERRARI, in: Peter Schlechtriem und Ingeborg Schwenzer (Hrsg.), Kommentar zum Einheitlichen UN-Kaufrecht, 5. Aufl., München 2008, Art. 2 Rz. 8; BGH vom 31.10.2001, VIII ZR 60/01, CISG-online 617.

17 Folgende Indizien können zur Abgrenzung hinzugezogen werden: Systematisches, planmäßiges, auf Gewinnerzielung ausgerichtetes Vorgehen; Anzahl der Transaktionen in einem bestimmten Zeitraum; Besitzdauer; Umsatzvolumen; Fremdfinanzierung etc.; s. BGer vom 14.04.2008, 2A.125/2007, E. 2.1.; BGE 125 II 113, E. 3c. m.w.N. zu den Kriterien zur Abgrenzung zwischen (steuerfreier) privater Vermögensverwaltung und gewerbsmässigem Wertschriften- und Immobilienhandel.

18 FERRARI (Fn. 16), Art. 2 Rz. 11.

19 Zum Ganzen ausführlich MATHIAS H. PLUTSCHOW, Staatliche Vorkaufsrechte im internationalen Kulturgüterschutz, Zürich 2002, S. 246 ff., mit zahlreichen Beispielen.

20 Gemäss Art. 9 Abs. 1 Rom I-VO ist „eine Eingriffsnorm (...) eine zwingende Vorschrift, deren Einhaltung von einem Staat als so entscheidend für die Wahrung seines öffentlichen Interesses, insbesondere seiner politischen, sozialen oder wirtschaftlichen Organisation, angesehen wird, dass sie ungeachtet des nach Maßgabe dieser Verordnung auf den

ist international unterschiedlich; auf Einzelheiten kann hier nicht eingegangen werden.[21] In der Kürze nur dies:

Soweit unumstritten ist, dass Eingriffsnormen der lex fori anzuwenden sind (s. Art. 18 CH-IPRG bzw. Art. 9 Abs. 2 Rom I-VO). Sind es Eingriffsnormen der lex causae, d.h. des Vertragsstatuts, sind sie gemäß Art. 13 CH-IPRG unter Berücksichtigung des Schutzzwecks der Norm maßgeblich.[22] Unter Geltung der Rom I-VO ist die Anwendung von Eingriffsnormen des Vertragsstatuts soweit ersichtlich noch nicht geklärt.[23]

Daneben sind im schweizerischen Kollisionsrecht auch die zwingenden Bestimmungen ausländischer Schutzgesetze zu berücksichtigen, die weder Teil der lex fori noch der lex causae sind. Gemäß Art. 19 CH-IPRG sind sie zu berücksichtigen, wenn "schützenswerte und offensichtlich überwiegende Interessen" einer Partei die Anwendung der ausländischen Eingriffsnorm verlangen und der Sachverhalt mit jenem Recht einen engen Zusammenhang aufweist. Letzteres dürfte bei illegal aus dem Herkunftsland importierten Kulturgütern in der Regel erfüllt sein.[24] Demgegenüber sieht Art. 9 Abs. 3 Rom I-VO eine restriktivere Lösung vor. Danach ist die Beachtung von ausländischen Eingriffsnormen auf Vorschriften desjenigen Staates beschränkt, „in dem die durch den Vertrag begründeten Verpflichtungen erfüllt werden sollen oder erfüllt worden sind“.[25] Zusätzlich dürfen nur solche Eingriffsnormen beachtet werden, welche „die Erfüllung

Vertrag anzuwendenden Rechts auf alle Sachverhalte anzuwenden ist, die in ihren Anwendungsbereich fallen“.

21 Zum Ganzen ausführlich MATHIAS KUCKEIN, Die "Berücksichtigung" von Eingriffsnormen im deutschen und englischen internationalen Vertragsrecht, Tübingen 2008; KARSTEN THORN, in: Thomas Rauscher (Hrsg.), Europäisches Zivilprozess- und Kollisionsrecht EuZPR / EuIPR, Kommentar, München 2011, Art. 9 Rz. 4.

22 Vgl. zum Fall der Konfiskation HANS STOLL, Mobile Transformation eines Wandbilds, in: Rainer Frank (Hrsg.), Recht und Kunst, Symposium aus Anlass des 80. Geburtstages von Wolfram Müller-Freienfels, Heidelberg 1996, S. 73 ff., S. 73 ff.; a.A. offenbar BGE 131 III 418, 424, kritisch dazu MARC-ANDRÉ RENOLD, Une importante décision suisse en matière de transfert international de biens culturels: l'arrêt du Tribunal fédéral sur les pièces d'or anciennes du 8 avril 2005, Revue de droit uniforme XI (2006); S. 399 ff., S. 401; zu den staatlichen Vorkaufsrechten siehe eingehend PLUTSCHOW (Fn. 19), S. 167 ff.; BGHZ vom 22.6.1972, II ZR 113/70, S. 59 ff., S. 82 ff., NJW 1972, S. 1575 ff. (Nichtigkeit eines deutschem Recht unterstehenden Versicherungsvertrags wegen Sittenwidrigkeit, welche durch einen Verstoss gegen ein nigerianisches Exportverbot begründet wurde); JAYME, Globalization in Art Law: Clash of Interests and International Tendencies, Vanderbilt Journal of Transnational Law 38 (2005), S. 927 ff., S. 943 f.

23 STEFAN LEIBLE, Rom I und Rom II: Neue Perspektiven im europäischen Kollisionsrecht, Schriftenreihe des Zentrums für Europäisches Wirtschaftsrecht 2009, Nr. 173. S. 65.

24 A.A. PIUS FISCH, in: Heinrich Honsell et al. (Hrsg.), Basler Kommentar Internationales Privatrecht, 2. Aufl., Basel 2007, Art. 100 Rn. 59; differenzierend PLUTSCHOW (Fn. 19), S. 278 ff; vgl. aber BGE 131 III 418, 424.

25 Siehe THORN (Fn. 21), Art. 9 Rz. 5. Zur englischen *Ralli*-Regel, an dessen Wortlaut Art. 9 Abs. 3 Rom I-Vo angelehnt ist: KUCKEIN (Fn. 21), S. 229.

des Vertrags unrechtmäßig werden lassen".[26] Es wird abzuwarten sein, welche Auswirkungen diese Vorschrift auf kulturgüterrechtliche Eingriffsnormen haben wird.[27]

III. Untergang oder Beschädigung des Kaufgegenstands durch Fremdeinwirkung

Die Frage der Risikoverteilung beim zufälligen Untergang bzw. der unverschuldeten Beschädigung des Kaufgegenstands ist beim internationalen Kunstkauf von großer Bedeutung. Viele Kunstwerke sind fragil und müssen mit größter Sorgfalt behandelt werden. Gleichzeitig müssen sie häufig über weite Strecken befördert werden, sie gehen durch viele Hände, überqueren Grenzen, sind unterschiedlichen klimatischen Bedingungen ausgesetzt u.v.a.m. Das Risiko der Beschädigung oder der Zerstörung ist groß. Im Idealfall haben die Parteien eine Risikotragungsregel vereinbart und/oder eine Transportversicherung abgeschlossen. Fehlt es daran, ist das anwendbare Recht, d.h. in unserem Fall das CISG, danach zu befragen, wann der Gefahrenübergang eintritt. Dies ist der maßgebliche Zeitpunkt für die Frage, wer das Risiko trägt (Art. 36 CISG). Es geht somit nachfolgend *nicht* um eine dem Verkäufer zurechenbare Vertragswidrigkeit.

1. Gefahrübergang nach CISG

Das CISG verknüpft richtigerweise die Lieferpflicht des Verkäufers mit der Gefahrtragung. Die Gefahr soll m.a.W. erst dann auf den Käufer übergehen, wenn der Verkäufer alles getan hat, wozu er gemäß Vertrag und Übereinkommen verpflichtet ist.[28] Insofern ist bei der Gefahrtragung nach der Art der Lieferpflicht zu differenzieren.

26 Leible (Fn. 23), S. 64.

27 Früher, unter der Geltung der EVÜ, hat der östereichische OGH entschieden, dass auch dem Kulturgüterschutz dienende Ein- oder Ausfuhrverbote grundsätzlich Eingriffsnormen im Sinne von Art. 7 Abs. 1 EVÜ darstellen können. Die generelle Erstreckung des Begriffs Eingriffsnorm auch auf zwingende drittstaatliche Bestimmungen, die primär die Individualinteressen ausgleichen sollen, wurde hingegen abgelehnt. Kunstmarkt und Kulturgüterschutz – „Großer Wagen mit Pferd", OGH, Urteil vom 30. Juni 2010 – 9 Ob 76/09f, KUR 2011, 3, S. 119 – 121.

28 Corinne Widmer, in: Peter Schlechtriem und Ingeborg Schwenzer (Hrsg.), Kommentar zum Einheitlichen UN-Kaufrecht, 5. Aufl., München 2008, Art. 31 Rz. 11.

a) Beim Versendungskauf

Das CISG selbst sieht keine Verpflichtung des Verkäufers zur Beförderung des Kunstwerks vor.[29] Eine Beförderungspflicht muss sich demgemäß eindeutig aus dem Vertrag, aus zwischen den Parteien bestehenden Gepflogenheiten, Handelsbrauch oder den Umständen ergeben. Beim internationalen Kauf von Kunst dürfte dies zu bejahen sein; insbesondere wird beim Distanzkauf eine solche Versendungspflicht häufig anzunehmen sein.[30] Generell gilt, dass im Anwendungsbereich des CISG der Versendungskauf die Regel ist.[31]

Erfordert der Vertrag eine Beförderung der Ware, d.h. liegt ein Versendungskauf vor, und hat der Verkäufer nicht an einem anderen Ort zu liefern, erfüllt der Verkäufer seine Lieferpflicht durch Übergabe des Kunstwerks an den ersten Beförderer (Art. 31 lit. a CISG). Unter dem Begriff des „Beförderers" ist nur das unabhängige, selbständige Transportunternehmen zu verstehen, nicht Angestellte des Verkäufers. Beim internationalen Kunstkauf sollte nur ein auf Kunsttransporte spezialisiertes Unternehmen beauftragt werden, dessen Personal gut geschult und erfahren ist. Der Verkäufer ist vorbehältlich einer vertraglichen Regelung frei in seiner Entscheidung, von wo er das Kunstwerk versenden will.[32]

Mit der Übergabe, d.h. mit der Aufgabe des Gewahrsams durch den Verkäufer, geht die Gefahr auf den Käufer über (Art. 67 Abs. 1 S. 1 CISG). Der Käufer ist damit mit dem Transportrisiko belastet;[33] er hat ferner die Kosten des Transports zu tragen, soweit nicht etwas anderes vereinbart wurde („frachtfrei", CIF).[34]

b) Andere Fälle

Liegt ausnahmsweise kein Versendungskauf vor, und enthält der Vertrag auch keine Bestimmung des Lieferorts – z.B. durch Vereinbarung einer Klausel aus den Incoterms – hat der Verkäufer gemäß Art. 31 lit. b CISG das Kunstwerk dem Käufer am Ort zur Verfügung zu stellen, an dem sich dieses bei Vertragsschluss

29 Umstritten, s. WIDMER (Fn. 28), Art. 31 Rz. 17 m.w.N.

30 Distanzkauf: Verkäufer und Käufer haben ihren Sitz an verschiedenen Orten und der Kaufvertrag wird nicht unter Anwesenden über eine am Vertragsschluss den Parteien vorliegende Ware abgeschlossen, s. WIDMER (Fn. 28), Art. 31 Rz. 18.

31 WIDMER (Fn. 28), Art. 31 Rz. 18 m.w.N.

32 WIDMER (Fn. 28), Art. 31 Rz. 5.

33 GÜNTER HAGER und FELIX MAULTZSCH, in: Peter Schlechtriem und Ingeborg Schwenzer (Hrsg.), Kommentar zum Einheitlichen UN-Kaufrecht, 5. Aufl., München 2008, Art. 67 Rz. 3.

34 WIDMER (Fn. 28), Art. 31 Rz. 83 und Art. 32 Rz. 25.

befand (z.B. in den Räumlichkeiten der Galerie). Hat in diesem Fall der Verkäufer noch die Sachherrschaft über das Kunstwerk, geht die Gefahr erst auf den Käufer über, wenn er die Ware übernimmt (Art. 69 Abs. 1 HS 1 CISG). Ist aber das Kunstwerk z.B. in einem Depot eingelagert, in einem Museum oder an einem Messestand ausgestellt oder befindet es sich sonst bei einem Dritten, geht die Gefahr über, sobald die Lieferung fällig ist und der Käufer weiß, dass ihm das Objekt an jenem Ort zur Verfügung steht (Art. 69 Abs. 2 CISG).

Liegt aufgrund vertraglicher Vereinbarung ausnahmsweise eine *Bringschuld* vor, muss der Verkäufer die Ware am Bestimmungsort des Transports dem Käufer zur Verfügung stellen. Zudem ist er auf eigene Kosten und Gefahr zur Durchführung des Transports verpflichtet (Art. 32 Abs. 2 CISG).[35] Dazu gehört m.E. auch der Abschluss einer Transportversicherung, da im Kunstgeschäft dies „zu den für solche Beförderungen üblichen Bedingungen" i.S.v. Art. 32 Abs. 2 in finem CISG gehört.[36] Diese Transportversicherung sollte als Allgefahrenversicherung "Nagel zu Nagel" ausgestaltet sein, d.h. jeden Schaden versichern, der nicht ausdrücklich ausgeschlossen ist.[37]

2. Rechtsfolgen

Geht das Kunstwerk nach Vertragsabschluss, aber *vor* Übergang der Gefahr unter, liegt zwar zunächst eine Nichterfüllung der Verkäuferpflicht vor und somit eine Vertragsverletzung nach Art. 45 Abs. 1 CISG. Weil es aber in der uns interessierenden Konstellation um die Risikoallokation von Tatbeständen geht, die dem Verkäufer nicht zugerechnet werden können, greift der Entlastungstatbestand von Art. 79 CISG. Der Käufer kann somit den Vertrag nach Art. 49 Abs. 1 lit. a CISG wegen einer wesentlichen Vertragsverletzung aufheben und die Kaufpreiszahlung verweigern bzw. den bereits geleisteten Kaufpreis zurückfordern. Er kann aber weder Erfüllung noch Schadenersatz verlangen. Untergang *nach* Gefahrübergang befreit den Käufer nicht von der Bezahlung des Kaufpreises, er trägt die Leistungs- und Preisgefahr.

35 WIDMER (Fn. 28), Art. 31 Rz. 16.

36 So der Sache nach wohl auch WIDMER (Fn. 28), Art. 32 Rz. 26.

37 Zur Allgefahrenversicherung: ROMAN B. CAFLISCH, in: Bernhard Ehrenzeller, Das schwierige Geschäft mit der Kunst, St. Gallen 2003, S. 85.

IV. Mangelnde Sorgfalt der Vertragsparteien

Gesetzgebung, Lehre und Praxis haben in den letzten Jahren die Sorgfaltspflichten der Parteien eines Kunstkaufs kontinuierlich verschärft, wobei international eine gewisse Angleichung des Sorgfaltsmaßstabs zu beobachten ist. Nachfolgend werden einige dieser Pflichten des Käufers und Verkäufers beleuchtet.

1. Pflichten des Käufers

Es ist eine höchst bedauerliche, aber unumstößliche Tatsache, dass viele gestohlene, illegal ausgegrabene, unrechtmäßig exportierte oder sonstwie abhanden gekommene Objekte in den Kunstmarkt gelangen. Kunstkäufer müssen insbesondere vor dem Hintergrund der unterschiedlichen internationalen Regeln zum gutgläubigen Erwerb vom Nichtberechtigten wachsam sein.

Geben die konkreten Umstände des Kaufgeschäfts Anlass zu Misstrauen bzw. hätte ein vorsichtiger Käufer misstrauisch werden müssen,[38] muss der Käufer Erkundigungen einziehen, um die Verfügungsbefugnis des Verkäufers zu verifizieren.[39] Verdachtsmomente können sich im Einzelfall aus einer Reihe von Faktoren ergeben, wobei auch eine Häufung von für sich genommen unauffälligen Umständen Zweifel auslösen kann.[40] Einbezogen werden müssen die Umstände des Kaufgeschäfts wie z.B. der Ort der Transaktion und die Form der Zahlungsabwicklung. Relevant ist ferner die Person oder Reputation des Verkäufers oder Vermittlers.[41] Ebenfalls zu beachten sind die Art und der Zustand des Kaufob-

38 Siehe z.B. BGE 123 II 134, E. 6: "le recourant, homme rompu aux affaires et connaisseur d'art, ne s'était soucié ni de l'authenticité, ni de la provenance du tableau; en outre, le recourant avait pris le risque de traiter avec des inconnus et ne s'était assuré de la régularité de l'importation du tableau en Suisse"; vgl. auch schon BGE 80 II 53, wo entschieden wurde, dass man nach dem Krieg nicht schuldlos in Unkenntnis des Risikos sein konnte, das mit Geschäften mit Ware aus Deutschland oder besetzten Staaten verbunden war, weil "in der Schweiz allgemein bekannt war, dass (...) Bilder, Wertsachen und Wertpapiere in Mengen als Raubgut weggeschleppt und im Ausland, insbesondere in der Schweiz, in den Handel gebracht worden waren". Dies muss wohl per analogiam auch für die Situation nach dem Irak-Krieg im Hinblick auf entsprechende Kulturgüter gelten.

39 BGE 113 II 397 E. 2b, c; PETER JÄGGI, in: Arthur Meier-Hayoz et al., Berner Kommentar. Kommentar zum schweizerischen Privatrecht / Personenrecht, Familienrecht, Bern 1966, Einleitungsband, Art. 3 Rz. 128; EMIL W. STARK, in: Arthur Meier-Hayoz et al., Berner Kommentar. Kommentar zum schweizerischen Privatrecht / Sachenrecht / Besitz und Grundbuch, 3. Aufl., Bern 2001, Band IV, Art. 933 Rz. 46 ff.

40 Z.B. BGE 79 II 59, 62 ff.

41 So schon BGE 38 II 465, E. 2: Eine Erkundigungs- bzw. Nachforschungspflicht kann ausgelöst werden, wenn es sich beim Geschäftspartner des angeblich Gutgläubigen um eine diesem unbekannte Person handelt.

jekts. Großes Gewicht hat die Höhe des Kaufpreises: Ist dieser auffallend niedrig („Schnäppchen"), ist Vorsicht geboten, und es wird eine erhöhte Sorgfalt verlangt.[42]

Inhalt und Umfang der Erkundigungspflicht des Käufers variieren je nach den konkreten Umständen des Kaufgeschäfts. Einzuholen sind u.a. Auskünfte über die Provenienz[43], den Erhaltungszustand, die Qualität des Kaufgegenstands, Informationen über den legalen Ex- bzw. Import und die Verfügungsberechtigung des Verkäufers.[44] Der mit den Recherchen verbundene finanzielle Aufwand ist als Teil der Transaktionskosten vom Käufer zu tragen.

42 So schon BGE 43 II 613, 615 ff.: Ein Käufer hätte misstrauisch werden müssen, als ihm vom Betreiber eines Kinos, der nebenbei mit Uhren handelte, Uhren für die Hälfte des Verkehrswerts angeboten wurden, insb. auch weil der Verkäufer "n'avait pas une bonne renommée, ni du point de vue de sa solvabilité, ni en celui de sa moralité"; BGE 107 II 41, 43 f.: Verkaufspreis lag ca. ein Drittel unter dem Verkehrswert; BGE 122 III 1: Im Jahre 1979 wurden aus einer Villa in Versoix bei Genf eine antike Waffensammlung gestohlen. Von den Dieben gelangte die Sammlung über einen Zwischenhändler zu einem Antiquitätenhändler, der sie auf den Tag genau ein halbes Jahr nach dem Diebstahl einem Privatsammler verkaufte. Das Geschäft wurde in der Privatwohnung des Verkäufers abgewickelt und der Erwerber legte den Kaufpreis von CHF 320'000.- bar auf den Tisch. Bis 1991 blieb die Sammlung verschwunden. Die 1992 erhobene Herausgabeklage wurde 1997 nach einem Umweg übers BGer vom OGer LU abgewiesen. Entscheidend war, dass der Kaufpreis gemäß Experten nicht nachgerade als Schleuderpreis betrachtet werden konnte, der Erwerber keine Zweifel an der Seriosität des Veräußerers zu haben brauchte und sich die Umstände des Kaufes im Rahmen des Branchenüblichen bewegten.

43 Der Kunsthändler Paul Rosenberg sagte zur Frage der Erkundung nach der Herkunft eines Kunstwerks bereits 1948 folgendes: "En outre, un acheteur de tableaux se renseigne sur l'origine de la pièce. Il est coutume, dans le commerce des tableaux, d'établir le pedigree de chaque tableau et de déclarer cette origine à l'acheteur", zitiert nach ESTHER TISA FRANCINI, ANJA HEUSS und GEORG KREIS, Fluchtgut - Raubgut. Der Transfer von Kulturgütern in und über die Schweiz 1933-1945 und die Frage der Restitution. Veröffentlichungen der Unabhängigen Expertenkommission: Schweiz – Zweiter Weltkrieg (UEK), Band 1, 2. Aufl., Zürich 2001, S. 381.

44 MARC ANDRÉ RENOLD, in: Peter Mosimann, Marc-André Renold und Andrea F.G. Raschèr (Hrsg.), Kultur Kunst Recht, Schweizerisches und Internationales Recht, Basel 2009, Kap. 6 Rz. 262; MÜLLER-CHEN (Fn. 2), Crux mit dem Eigentum an Kunst, S. 1267 ff., S. 1271; s. ferner BGE 69 II 110, 116 ff.: Ein Kommissionär verkaufte ein Bild von Hodler zur Hälfte des instruierten Preises. Der Käufer wurde stutzig, brachte selbständig den Namen des Kommittenten in Erfahrung und liess sich von diesem versichern, dass dieser Eigentümer des Bilds sei; s. auch http://www.fineartregistry.com/about_FAR: Diese Website erlaubt es Künstlern, ihr Portfolio online zu hinterlegen, zusammen mit Angaben zum Werk und zur Provenienz. Sammler können ihre Sammlung registrieren. Das registrierte Werk wird mit einem fälschungssicheren Aufkleber versehen, welcher eine Identifikationsnummer enthält. Dies hilft auch Käufern, welche entsprechende Informationen beim Kauf eines Werks beim Fine Art Registry abfragen können. Dergestalt soll das Fälschungsrisiko minimiert und die Auffindung abhanden gekommener Werke erleichtert werden.

Letztlich darf auch nicht vergessen werden, dass *jeder* Käufer gemäss Art. 38 CISG verpflichtet ist, das Kunstwerk innert einer so kurzen Frist zu untersuchen bzw. untersuchen zu lassen, wie es die Umstände erlauben. Allfällige Mängel hat er innerhalb angemessener Zeit dem Verkäufer anzuzeigen, spätestens aber innerhalb von zwei Jahren (Art. 39 CISG). Art und Ausmaß der Untersuchungsobliegenheit werden durch die Gebräuche des Kunsthandels bestimmt. Die Untersuchung erstreckt sich auf offene Mängel, d.h. solche, die bei Abnahme der Ware oder bei ordentlicher Prüfung für den aufmerksamen Käufer erkennbar sind. Der Käufer muss somit prüfen, ob das Kunstwerk keine Beschädigungen, Risse, Übermalungen etc. aufweist.

Unterlässt der Käufer Prüfung und Rüge, verwirkt er seine Rechte. Schon aus diesem Grund sollte nie Kunst gekauft werden, ohne sie gesehen zu haben. Der beste condition report, das genaueste Echtheitszertifikat kann diese visuelle Prüfung nicht ersetzen.[45]

2. Pflichten des Verkäufers

a) Allgemeines

Auch den Verkäufer eines Kunstobjekts treffen eine Reihe von Sorgfaltspflichten. So hat er insbesondere das Kunstwerk bis zur Erfüllung der Lieferpflicht mit aller Sorgfalt zu behandeln. Er muss das Kunstwerk insbesondere sachgemäß lagern, vor Diebstahl, Abnutzung, Temperatur- und Feuchtigkeitseinflüssen schützen, kunstgerecht rahmen und hängen, übermäßige Lichteinwirkung vermeiden und angemessen versichern.[46]

Die nationalen Kulturgüterschutzgesetze auferlegen dem gewerblichen Verkäufer ferner bei der Übertragung eines Kulturguts gewisse Sorgfaltspflichten, auf die hier aber nicht im Einzelnen eingegangen wird.[47]

45 ROY S. KAUFMAN (ed.), Art Law Handbook, Gaithersburg 2000-2004, § 7.02[A1], S. 453.

46 BERTOLD MÜLLER, Leitfaden für Kunstnachlässe, Der Schweizer Treuhänder 2011, S. 177; zur Kunstversicherung s. CHRISTIAN ARMBÜRSTER, Rechtsfragen der Kunstversicherung, KUR 2006, S. 71 ff.

47 So darf nach Art. 16 Abs. 1 CH-KGTG Kulturgut nur übertragen werden, wenn die übertragende Person nach den Umständen annehmen darf, dass das Kulturgut nicht gestohlen worden, nicht gegen den Willen des Eigentümers abhanden gekommen, sowie weder rechtswidrig ausgegraben noch eingeführt worden ist (ANDREA F.G. RASCHÈR und DANIEL ZIMMERMANN, Sorgfaltspflichten im Umgang mit Kulturgut, KUR 2006, S. 4 ff., S. 5 ff.; BENEDICT FOËX, La loi fédérale sur le transfert international des biens culturels: un point de vue civiliste, in: Marc-André Renold, Pierre Gabus und Jacques de Werra (Hrsg.), Criminalité, Blanchiment et nouvelles reglémentations en matière de transfert de

b) Verpackung des Kunstwerks

Der internationale Transport eines Kunstwerks ist, wie bereits erwähnt, mit einem nicht unbeträchtlichen Schadensrisiko verbunden. Aus diesem Grund ist die Verpflichtung des Verkäufers, das Kunstwerk lege artis zu verpacken, von großer praktischer Bedeutung. Kunst ist mangels einer vertraglichen Vereinbarung gemäß Art. 35 Abs. 2 lit. d CISG dann ordnungsgemäß verpackt, "*wenn sie in der für Ware dieser Art üblichen Weise oder, falls es eine solche Weise nicht gibt, in einer für die Erhaltung und den Schutz der Ware angemessenen Weise verpackt ist*". Die Angemessenheit der Verpackung, d.h. die Wahl des richtigen Behältnisses und Verpackungsmaterials hängt u.a. ab von Art, Umfang, Größe, Beschaffenheit, Material und Gewicht des Objekts, der Art und Länge des Transports, der Möglichkeit von Umleitungen, dem Wechsel des Transportmittels sowie den klimatischen Bedingungen am Abgangsort, während des Transports und am Bestimmungsort. Das Kunstwerk muss durch die Verpackung insb. vor Stoss- und Vibrationsschäden, klimatischen Veränderungen wie Hitze, Kälte, Luftfeuchtigkeit sowie vor Lichteinfall geschützt werden.[48] Dies bedingt je nach den Umständen des Einzelfalls eine stabile, säurefreie und wasserdichte Verpa-

bien culturels, Zürich 2006, S. 20 ff.; BORIS T. GRELL und MATHIAS H. PLUTSCHOW, Sorgfaltspflichten gemäß Kulturgütertransfergesetz (KGTG): Anleitung mit praktischen Tipps, Zürich 2005, S. 28 ff.). Dies verpflichtet den Verkäufer zu entsprechenden Abklärungen und Nachforschungen und dürfte in der Sache spiegelbildlich den von der Rechtsprechung entwickelten Pflichten des Käufers entsprechen (Botschaft über die UNESCO-Konvention 1970 und das Bundesgesetz über den internationalen Kulturgütertransfer (KGTG) vom 21. November 2001, BBl 2002 I 590; RENOLD (Fn. 44), Kap. 6 Rz. 265; FLORIAN SCHMIDT-GABAIN, Verkaufen verboten! Bemerkungen zu den zivilrechtlichen Folgen des Art. 16 Abs. 1 KGTG, AJP 2007, S. 575 ff., S. 575 ff.). Ausserdem muss der Verkäufer nach Art. 16 Abs. 2 KGTG (gl. zum Nachfolgenden RENOLD (Fn. 44), Kap. 6 Rn. 269 ff.; FOËX (Fn. 47), S. 23 f.; GRELL/PLUTSCHOW (Fn. 47), S. 31 ff.: Identitätsprüfung nur dann durch beweiskräftiges Dokument zu verifizieren, wenn Anhaltspunkte dafür bestehen, dass die gemachten Angaben unrichtig sind) bzw. § 18 D-KultGüRückG die Identität der einliefernden Person oder des Verkäufers feststellen, und er muss von diesen Personen einen schriftlichen Nachweis über deren Verfügungsberechtigung einholen. Dies entspricht einer Selbstdeklaration der einliefernden Person bzw. des Verkäufers (GRELL/PLUTSCHOW (Fn. 47), S. 34.). Nach § 18 Abs. 1 Ziff. 1 und 4 D-KultGüRückG muss der Verkäufer überdies eine zur Feststellung der Identität des Kulturgutes geeignete Beschreibung sowie die Preise für den An- und Verkauf aufzeichnen. Die Verletzung dieser Sorgfaltspflichten ist strafbewehrt (Art. 25 Abs. 1 lit. a KGTG: Busse bis zu CHF 20'000. § 25 Abs. 2 D-KultGüRückG: bis zu EUR 50'000.-). Ein Verstoss gegen die Verbotsnorm von Art. 16 Abs. 1 CH-KGTG hat ausserdem die zivilrechtliche Nichtigkeit des Kaufvertrags zur Folge (zur Begründung s. ausführlich MÜLLER-CHEN (Fn. 2), Grundlagen und ausgewählte Fragen des Kunstrechts, S. 117).

48 MICHAEL BALTES, Wenn Kunstwerke auf Reisen gehen, KUR 2006, S. 17.

ckung.[49] Unter Umständen müssen auch entsprechende Kennzeichnungen und Aufschriften angebracht werden.[50]

Ist das Kunstwerk nicht ordnungsgemäß verpackt und wird es deshalb beschädigt oder zerstört, liegt eine Vertragsverletzung des Verkäufers vor. Der Käufer ist – soweit zulässig und möglich – berechtigt, Nachbesserung (Art. 46 Abs. 3 CISG), Schadenersatz (Art. 45 Abs. 1 lit. b CISG), Minderung (Art. 50 CISG) und – aber nur, wenn die Vertragsverletzung wesentlich war – Vertragsaufhebung (Art. 49 Abs. 1 lit. a CISG) zu verlangen. Dies gilt aufgrund von Art. 36 Abs. 2 CISG auch dann, wenn das Schadensereignis nach Gefahrübergang eingetreten ist, da die Vertragswidrigkeit bei mangelhafter Verpackung im Kern bereits bei Gefahrübergang bestand, sich aber erst später auswirkte.[51]

V. Transportrisiken

Internationale Kunsttransporte sind ein kostspieliges und logistisch aufwändiges Unterfangen, das eine gute Koordination aller Beteiligten verlangt: Es ist das geeignete Transportmittel und der beste Transportweg zu bestimmen und ein ausreichendes Sicherheitsdispositiv zu erstellen. Unter Umständen muss die Zahl der Umladungen beschränkt und die Bewachung und Begleitung des Transports sichergestellt werden. Hinzu kommt das Erstellen detaillierter Übergabe- und Übernahmeprotokolle sowie die rechtzeitige Kontaktaufnahme mit den Zollbehörden, um die Formalitäten abzusprechen.[52] Der Transport sollte außerdem so organisiert werden, dass vermieden wird, dass Kunstwerke über das Wochenende oder an Feiertagen an Flughäfen, in Häfen oder Lagerhallen aufbewahrt werden müssen.[53] In diesem Zusammenhang ist ein Problem anzusprechen, welches

49 MÜLLER (Fn. 46), S. 177; KLAUS HILLMANN, Mit Immendorf nach China, KUR 2006, S. 20; ROBERT KIRCHMAIER, Transport und Versicherung von Ausstellungsgegenständen, in: Haimo Schack und Karsten Schmidt (Hrsg.), Rechtsfragen der internationalen Museumspraxis, Kunstrechtssymposium in der Bucerius Law School, Köln 2006, S. 37.

50 INGEBORG SCHWENZER, in: Peter Schlechtriem und Ingeborg Schwenzer (Hrsg.), Kommentar zum Einheitlichen UN-Kaufrecht, 5. Aufl., München 2008, Art. 35 Rz. 29; BALTES (Fn. 48), S. 19.

51 SCHWENZER (Fn. 50), Art. 35 Rz. 31; Art. 36 Rz. 4; andere Autoren subsumieren diesen Fall unter Art. 36 Abs. 2 CISG, s. z.B. BERNARD AUDIT, la vente internationale de merchandises, Paris 1990, Anm. 103; GERT REINHART, UN Kaufrecht. Kommentar zum Übereinkommen der Vereinten Nationen vom 11. April 1980 über Verträge über den internationalen Warenkauf, Heidelberg 1991, Art. 36, Rz. 3; KARL H. NEUMAYER und CATHERINE MING, Convention de Vienne sur les contrats de vente internationale de merchandises, Commentaire, Lausanne 1993, Art. 36, Anm. 5.

52 HILLMANN (Fn. 49), S. 22; THOMAS WEIS, Kunst über Grenzen, KUR 2006, S. 13.

53 MÜLLER (Fn. 46), S. 179, Anm. 4.; BALTES (Fn. 48), S. 18.

sich vor allem bei Kunst stellt, welche als Luftfracht in die oder aus den Vereinigten Staaten von Amerika transportiert wird.

Im Jahr 2010 wurden in England und Dubai Pakete abgefangen, welche in einem Frachtflugzeug aus dem Yemen nach Chicago unterwegs waren und Sprengstoff enthielten. Als Reaktion darauf hat die US-amerikanische Regierung die Sicherheitsmassnahmen bei der Kontrolle von Luftfracht drastisch erhöht. Seit dem 1. August 2010 werden nicht nur Frachtflugzeuge, sondern auch die mit Passagierflugzeugen transportierte Fracht rigorosen Kontrollen unterzogen. Die Vorschriften sehen vor, dass die *gesamte* Fracht – incoming und outgoing – kontrolliert werden muss. Die verschärften Sicherheitsbestimmungen stellen für Kunsttransporte eine große Herausforderung dar, denn schätzungsweise 20% aller Kunsttransporte werden als Luftfracht in Passagierflugzeugen abgewickelt.[54] Es besteht damit die reale Möglichkeit, dass Zollbehörden oder Flughafenangestellte sorgfältig verpackte Behältnisse öffnen und dass dadurch Kunstwerke Schaden nehmen. Aufgrund der gestiegenen Sicherheitsmassnahmen ist es vielfach auch nicht mehr möglich, das Kunstwerk Nagel zu Nagel zu begleiten.

Als Gegenmaßnahme wurde die sog. „Customs Trade Partnership Against Terrorism (C-TPAT)“ ins Leben gerufen.[55] Dieses Programm erlaubt es Museen, Auktionshäusern, Kunsttransporteuren, Händlern und Galeristen abgesicherte Räumlichkeiten einzurichten, in denen Kunstobjekte inspiziert und von zertifizierten Spezialisten verpackt werden können. Die Behältnisse müssen mit speziellen Siegeln und Schlössern gesichert werden. Die Institution muss darüber hinaus dafür sorgen, dass die weiteren in der Transportkette involvierten Parteien die Sicherheitsbestimmungen einhalten. Dies reduziert das Risiko der Öffnung am Flughafen auf ein Minimum.

Allerdings muss man sich bewusst sein, dass nur große Institutionen wie z.B. das Metropolitan Museum of Art in New York, die Museen Dahlem in Berlin, das British Museum in London oder spezialisierte Kunsttransportunternehmen die Zeit und den notwendigen personellen und finanziellen Spielraum für diese aufwändigen Sicherheitsmassnahmen haben. Händler und Galeristen werden es sich im Regelfall weder finanziell noch zeitlich leisten können, dem C-TPAT beizutreten. Viele An- und Verkäufe im Kunstgeschäft geschehen kurzfristig: An einem Tag wird das Bild in Frankfurt gekauft, am nächsten muss es schon beim Sammler in Philadelphia sein; es bleibt keine Zeit für aufwändige Sicherheitsprozeduren. So bleibt der Mehrheit der Galeristen und Händler nichts anderes übrig, als zertifizierte Kunsttransporteure zu beauftragen. Dies beschleunigt zwar die Zollabfertigung und schützt vor unsachgemässer Handhabung, zieht aber zu-

54 YAEL WEITZ, New Shipping Requirements in Effect: The Art World Reacts, The Art Law Newsletter of Herrick, Feinstein LLP, Winter 2011, Vol. 08, S. 1 f.

55 S. http://www.cbp.gov/xp/cgov/trade/cargo_security/ctpat/.

sätzliche Kosten und unter Umständen zeitliche Verzögerungen nach sich. Schließlich wird die sehr auf Diskretion bedachte Kunstwelt in Zukunft damit leben müssen, dass Kunst nicht mehr ohne weiteres anonym über einen Vermittler zum Käufer transportiert werden kann. Die neuen Vorschriften sehen diesbezüglich eine strikte Offenlegung des „wahren“ Absenders bzw. Destinatärs vor, um so die ganze Lieferkette transparent zu machen.[56]

VI. Zusammenfassung

Der internationale Kunstmarkt boomt trotz Wirtschaftskrise. Kunst bildet den Gegenstand unzähliger Kaufverträge. Dieser Vortrag geht ausgewählten rechtlichen und tatsächlichen Transaktions- und Transportrisiken nach, denen die Parteien eines internationalen Kunstkaufs ausgesetzt sind.

Vorbehaltlich weniger Ausnahmen steht es den Parteien frei, den Gerichtsstand und das anwendbare Recht im Vertrag schriftlich festzulegen. Dies geschieht aber in der Praxis eher selten, da nach wie vor eine gewisse Zurückhaltung der Kunstbranche gegenüber schriftlichen Verträgen zu beobachten ist. Es besteht diesfalls aber das Risiko einer Partei, an einem für sie unvorteilhaften Gerichtsstand beklagt zu werden bzw. klagen zu müssen. Damit geht die Gefahr einher, dass ein für die Partei fremdes Recht auf den Vertrag Anwendung findet. Hinzu kommt, dass die einschlägigen europäischen Übereinkommen zahlreiche Sondervorschriften für Verbraucher vorsehen, was die schwierige Frage aufwirft, was ein Verbraucher im Kunsthandel ist. Nicht außer Acht gelassen werden dürfen zudem die international verbreiteten Kulturgüterschutznormen, die allenfalls auf den Vertrag einwirken können (z.B. ein Exportverbot).

Kunstwerke sind in aller Regel empfindliche Objekte, die mit äußerster Sorgfalt behandelt werden müssen. Gleichzeitig werden sie bei internationalen Käufen häufig über weite Strecken und unter unterschiedlichen klimatischen Einflüssen transportiert. Im Falle des Untergangs oder der Beschädigung stellt sich die praktisch bedeutsame Frage, in welchem Moment und unter welchen Voraussetzungen die Gefahr auf den Käufer übergeht. Mangels vertraglicher Regelung hängt dies mit der Art der Lieferpflicht zusammen, wobei beim praktisch wichtigen Versendungskauf das Transportrisiko beim Käufer liegt.

Die Parteien eines Kunstkaufvertrags treffen eine Vielzahl von Pflichten. So ist der Käufer z.B. verpflichtet, sich über die Herkunft des Kunstwerks zu informieren sowie das Kunstwerk innert kurzer Frist zu untersuchen und allfällige

56 RANDY KENNEDY, New Rule on Cargo is Shaking Art World, The New York Times, February 12, 2010, http://www.nytimes.com.

Mängel zu rügen. Der Verkäufer muss unter Geltung des CISG insbesondere das Kunstwerk lege artis verpacken.

Aufgrund verschärfter Kontrollen beim Import in die bzw. beim Export aus den Vereinigten Staaten von Amerika besteht die Gefahr, dass sorgsam verpackte Kunstwerke beschädigt oder gar zerstört werden. Dieses Risiko muss von den Parteien in der Planung und Ausführung eines Kunsttransports miteinbezogen werden.

Abwehr und Schutzmaßnahme gegen kritische Werke im Kunsthandel: „Datei kritischer Werke im Intranet des BDK“

*Thilo Winterberg**

Sehr geehrte Damen und Herren, zunächst möchte ich den Organisatoren des V. Heidelberger Kunstrechtstages danken, dass ich in diesem Rahmen sprechen darf.

Ich werde im Wesentlichen zwei Themenkreise erörtern, die große Aktualität durch den noch laufenden Kunstfälscher-Prozess um die Sammlung Jäger erlangten.

Zum einen gehe ich auf die vom „Bundesverband deutscher Kunstversteigerer“ (kurz: BDK) etablierte „Datei kritischer Werke“ ein; zum anderen wird die zunehmend wichtige Frage angerissen: Wer und wann ist man maßgeblicher Experte? Was sollte der Experte für eine Leistung erbringen verbunden mit der Fragestellung was darf der Experte auf keinen Fall?

1

Die „Datei kritischer Werke“ ist eine Informationsplattform, die dazu dient, sämtliche Kollegen des „*Bundesverband deutscher Kunstversteigerer*“, derzeit 37 Mitglieder, über verdächtige Personen und verdächtige Einlieferungen zu warnen. Diese Plattform ist ausschließlich eine Informationsquelle, zu der nur die Mitglieder des BDK Zugang haben. Wir sprechen daher von einem „Intranet“, was passwortgeschützt nur einem ausgewählten Kreis Zugang verschafft. Eine Erweiterung auf breiter Ebene ist zur Zeit nicht angedacht. Ständig kommen Anfragen und Bitten anderer Marktteilnehmer (Kunsthandelsverbände, Art Loss Register u.a.), um gleichsam davon profitieren zu können, auf uns zu. Die Idee zur bereits installierten Datenbank ist vor ungefähr fünf Jahren geboren worden. Über die vergangenen Jahre wurde dieses Medium permanent mit Leben erfüllt und stets verfeinert. Als nun der Fall „Jäger“ in der Presse mehr und mehr öffentliches Interesse gewann, war für das Präsidium schnell klar geworden, aufzeigen zu müssen, dass von Seiten des Verbandes bereits Abhilfe geschaffen wurde. Innerhalb eines Interviews in der Frankfurter Allgemeinen Zeitung zum Jahresbeginn habe ich den Begriff „Frühwarnsystem“ geprägt. Entscheidend sind

* Dr. Thilo Winterberg, Kunstauktionshaus Winterberg, Heidelberg.

nämlich in allen Fällen eine umgehende Reaktion der Beteiligten und die Weitergabe von Informationen über die Kunstwerke. Die „Tsunami-Warnung" wird in Sekundenschnelle an die Kollegen weitergegeben. Zu Beginn unserer Tätigkeit hatten sich die Kollegen per Telephonrundruf organsiert. Mit der Entwicklung der Emailtechnik konnte sukzessive die Qualität der Werke in hochauflösender Form bildlich übertragen werden. Auf der gleichen Seite, auf der das Werk mit Abbildung zu finden ist, gibt es ein Kommentarfeld, um die Kollegen mit Details zu versorgen. Diese schnelle und effiziente Informationsweitergabe innerhalb des geschlossenen Intranets dient der eigenen wie auch der Schadensbegrenzung unserer Kunden und nicht zuletzt hat diese Plattform einen erheblichen Abschreckungsfaktor nach außen.

Zur Handhabung der Intranetseite hat das Präsidium Schulungstage organisiert, bei denen noch ungeübte Kollegen lernen konnten, die Seite zu benutzen und Daten einzupflegen.

Mittlerweile verfügt die Seite über ein langes Namensregister an Experten und deren Aktivitäten. Da viele dieser maßgeblichen Experten über Informationen fraglicher Arbeiten verfügen, gehen wir proaktiv auf diese Kenner zu und fragen um eine Zusammenarbeit an. Das Interesse an dieser Datei ist für die meisten so groß, daß wir ohne Vorbehalte die Daten zur Einstellung zur Verfügung gestellt bekommen. So sind in den letzten Jahren auf diese Weise über 1.000 Werke verschiedenster Künstler zusammen gekommen. Verdächtige oder bereits definitive Falsifikate sind mit Bild und Kommentar zu finden. Der Verband hatte hierfür eigens eine Doktorandin der Juristischen Fakultät mit kunsthistorischen Hintergrund beschäftig. Diese Mitarbeiterin hatte somit die Koordinationsstelle des Verbandes mit den Werkverzeichnisautoren inne.

Viele Werkverzeichnisse verfügen nicht über ein solches Kapitel, da jedoch die Kenntnis solcher kritischen Werke bei den meisten Autoren vorhanden ist, bietet unsere Seite die Gelegenheit, diese einzupflegen und sie bei neuen Erkenntnissen wieder aus der Seite zu nehmen. Es ist die Dynamik der lebendigen Seite. Alle Beteiligten haben großes Interesse, den Markt sauber zu halten und die Künstler respektive deren Arbeiten zu schützen.

Das Intranet wird so zu einem wichtigen Instrumentarium, sich über die einzelnen Kriterien der Fälschungen auszutauschen. Es werden auf diese Weise Beschaffenheitsmerkmale der Werke hervorgehoben und im Forum diskutiert.

Nichts schadet dem Ruf eines Auktionshauses mehr, als wenn es gefälschte Arbeiten zum Ausruf bringt. Die oft jahrzehntelange Bemühung um eine gute Reputation kann damit schnell zunichte gemacht werden. Zu sehen am Kunstfälscher-Prozess „Beltracci", der der gesamten Branche einen erheblichen Schaden und Vertrauensverlust zugefügt hat. Der Verband sieht es als seine Pflicht, proaktiv vorzugehen, um uns alle vor den Machenschaften der Fälscher zu warnen und zu schützen.

Je mehr geteilt wird, desto differenzierter ist der Erkenntnisstand. Wir werden es nicht schaffen, den gesamten Kunstmarkt sauber zu halten, aber können vor unseren eigenen Türen so sorgfältig wie nur möglich kehren. Vertrauen ist im Kunsthandel ein wesentlicher Wettbewerbsvorteil.

2

Der zweite Teil meines Vortrages geht auf die komplexe Frage ein: Wer ist Experte? Was für eine Leistung dürfen wir erwarten?

Zunächst muss eindeutig von allen postuliert werden, dass die bloße Kennerschaft verbunden mit der unermesslichen Fleißarbeit einen Werkkatalog zusammen zu stellen nicht ausreicht, den Status des Experten zu erlangen. Sollte die Werkliste nicht in gedruckter Form jedem zugängig sein und nur als Pflichtexemplare den Universitäten übergeben worden sein, muss ein großes Fragezeichen gesetzt werden. Eine Drucklegung und die nachfolgende Rezension des Werkes am Markt würde die Anerkennung der Kompetenz des jeweiligen Autors deutlich machen. Das gedruckte Werkverzeichnis steht dann im Kreuzfeuer der Kritik und nicht alleine auf der Seite der Bewunderer. Wie der Fall „Beltracci" und andere Fälscherprozesse gezeigt haben, ist ein Werkkatalog aus heutiger Sicht nur brauchbar und überzeugend, wenn dieser über ausreichend Abbildungsmaterial verfügt. Noch in den siebziger Jahren war es nicht einfach, dieser Anforderung gerecht zu werden. Es war schlicht zu teuer. Gerade dieser Umstand macht ein Werkverzeichnis für alle erst dann attraktiv, wenn es bebildert ist. Befinden sich in der Materialsammlung des Doktoranden Fotoaufnahmen in schwarz-weiß oder keine Bildnachweise, wird sich auch kein Verlag finden, der mehrere hundert Seiten Text veröffentlicht. Das Einstellen des Textes ins Internet würde bedeuten, daß der Interessent zwar Bildbeschreibungen findet, jedoch Falsifikate nur schwer damit ausmachen könnte. Schwammige Beschreibungen, keine Hinweise auf den Verbleib, Verzicht auf Größenangaben oder die nur unzureichende Fotografie eines Werkes und die fehlende Aufnahme der Signatur: all dies sind Fakten, sie untermauern nicht wirklich die Glaubhaftigkeit des Experten.

Im angedeuteten Fall handelt es sich um eine Werkliste von Klaus Rohrandt, mit der er 1971 mit dem Thema „Wilhelm Trübner" an der Kieler Universität promoviert wurde. Meines Erachtens wurde dieses Mammutwerk in den vergangenen vierzig Jahren von keinem Verlag gedruckt, da es keiner zeitgemäßen kunstwissenschaftlichen Arbeitsmethode mehr standhalten würde. Die Publikation würde zu großer öffentlicher Kritik führen und Antworten auf alle offenen Fragen einfordern.

Dies ist auch der Grund, weshalb Rohrandt in den Auktionskatalogen so selten zitiert wird. Sicher ist Heidelberg für Wilhelm Trübner eine Hochburg. In meinem Hause sind in den letzten vierzig Jahren 65 Gemälde von Trübner versteigert worden, nur neun Arbeiten hatten das Zitat Rohrandts im Katalog geführt, und zwar nur dann, wenn dieses durch eine öffentliche Ausstellung bestätigt war. Die Preisdatenbank für Auktionsergebnisse „Mageda“ verzeichnet bis heute ca. 160 Gemälde des Künstlers, von denen nur 25 mit einem Zitat Rohrandt versehen sind. Daher ist festzustellen, daß die Relevanz von Rohrandt am Markt nicht wirklich besteht und die Bezeichnung „Maßgebliches Werkverzeichnis“ hierbei keine oder nur geringe Rolle spielt.

Abschließend kann man nur feststellen, ein unter solchen Bedingungen entstandenes Verzeichnis würde nicht vom Verband in die Datei aufgenommen werden können.

Mutmaßungen, die am Ende auf schlechtem oder unzureichendem Photomaterial beruhen, könnten aus Gründen der Verantwortung des Verbandes nicht akzeptiert werden. Kunstwissenschaft dieser Couleur und Nonchalance wird heute von der Kunstwelt zu recht nicht mehr akzeptiert. Ich glaube, dass diese Methoden der Prüfung durch Professoren im Rahmen einer Dissertation nicht mehr standhalten würden.

Eine Mitverantwortung der Experten werden wir wohl alle in Zukunft einfordern müssen. Dies würde den Expertenstatus möglicherweise auf ein Zeitfenster begrenzen, da er auch verloren gehen kann.

Ich danke Ihnen für Ihre Aufmerksamkeit und darf Ihnen weitere interessante Vorträge wünschen.

Pflichten und Obliegenheiten im Kunstauktionswesen: Einlieferer, Experte, Auktionshaus, Ersteigerer – einige Fallstudien

Erik Jayme[*]

I. Vertragliche und außervertragliche Schuldverhältnisse

Das Auktionswesen hat bekanntlich vier Protagonisten, den Einlieferer, das Auktionshaus, den Experten und den Ersteigerer, zwischen denen vertragliche und außervertragliche Schuldverhältnisse bestehen. Im Regelfall wird zwischen dem Einlieferer und dem Auktionshaus ein Kommissionsvertrag geschlossen, für welchen die §§ 383 ff. des HGB gelten. Diese Bestimmungen werden inhaltlich ergänzt durch die Einlieferungsbedingungen des jeweiligen Auktionshauses.[1] Das bedeutet zugleich, dass direkte Rechtsbeziehungen zwischen dem Einlieferer und dem Ersteigerer nicht entstehen. Im Regelfall kennt der Bieter den Einlieferer, dessen Kunstwerk er erwirbt, nicht. Vielmehr kommt der Kaufvertrag über das eingelieferte Kunstwerk zwischen dem Ersteigerer und dem Auktionshaus zustande. Ähnliches gilt für das dingliche Rechtsgeschäft, d.h. den Eigentumserwerb. Einigung und Übergabe finden zwischen dem vom Eigentümer ermächtigten Auktionshaus (§ 185 Abs. 1 BGB) und dem Ersteigerer statt. In einigen Auktionshäusern sehen allerdings die Bedingungen vor, dass der Versteigerer als Vertreter des Einlieferers die entsprechenden Rechtsgeschäfte mit dem Bieter abschließt. Aber auch hier bleibt die jeweilige Identität dem Vertragspartner im Regelfall verborgen. Abgewickelt wird der Kunsterwerb durch das Auktionshaus. In einem solchen Fall haftet allerdings der Versteigerer dem Bieter als

* Prof. Dr. Dr. h.c. mult. Erik Jayme, Institut für ausländisches und internationales Privat- und Wirtschaftsrecht der Universität Heidelberg, IFKUR-Beirat. Die Vortragsform wurde beibehalten. Der Verfasser dankt Herrn Rechtsanwalt Daniel Häret für wertvolle Hinweise. Für die Einrichtung des Textes und der begleitenden Reproduktionen danke ich Herrn cand.iur. Carl Zimmer.

1 Hinzu treten Individualvereinbarungen, siehe z.B. LG Köln, 18.03.2009, 91 O 10/08, Versteigerung eines Bildes von Léger, Frage der Absprachen; zur Kritik an einer Kombination von Einlieferungs- und Versteigerungsbedingungen, die es dem Auktionator „erlaubt, sich bei der Erfüllung wesentlicher Vertragspflichten in einem unkontrollierten Dunkelfeld zu bewegen“, siehe Johann Braun, Anm. zu OLG Frankfurt am Main, 20.01.1993, JZ 1993, 853, 855 f.

Sachwalter (§ 311 Abs. 3 Satz 2 BGB)[2], d.h. es ergibt sich hier zusätzlich zu dem Kaufvertrag ein gesetzliches Schuldverhältnis aus culpa in contrahendo.

Im Regelfall nimmt der Bieter an der Auktion persönlich teil oder gibt ein telefonisches Gebot ab. Für den Vertragsschluss gilt die Sondernorm des § 156 BGB, die allerdings abdingbar ist. Für „Online"-Gebote ergeben sich besondere Probleme.[3]

Zu erwähnen ist noch, dass im deutschen Recht der Verbraucherschutz nicht eingreift. Die Bestimmungen über den Verbrauchsgüterkauf finden gemäß § 474 Abs. 1 Satz 2 BGB keine Anwendung, wenn es sich um gebrauchte Sachen handelt, die in einer öffentlichen Versteigerung verkauft werden, an der der Verbraucher persönlich teilnehmen kann.[4] Allerdings sind die Vorschriften über die Inhaltskontrolle Allgemeiner Geschäftsbedingungen anwendbar. Das hat Bedeutung vor allem für die in den Versteigerungsbedingungen enthaltenen Haftungsausschlüsse, die den Ersteigerer nicht entgegen den Geboten von Treu und Glauben unangemessen benachteiligen dürfen (§ 307 BGB). Eine solche unangemessene Benachteiligung liegt vor, wenn der Versteigerer seine Nachforschungspflichten schuldhaft verletzt.[5] Maßgeblich ist dabei nicht das im Auktionswesen

2 Siehe OLG Düsseldorf, 12.01.01978, OLGZ 78, 317 (allerdings Freizeichnung und Mitteilung von Name und Anschrift des Einlieferers).

3 Siehe LG Bonn, 28.07.2011, 9 O 353/10: Anfechtung eines Gebots auf ein Bild von Max Ernst durch einmaligen „Mausklick" gemäß § 119 Abs. 1 BGB.

4 Deutschland machte mit dieser Vorschrift in etwas anderer Form von der Option Gebrauch, welche die Verbrauchgüterkauf-Richtlinie 1999/44/EG in Art. 1 Abs. 3 vorsieht: „Die Mitgliedstaaten können festlegen, dass unter „Verbrauchsgütern" keine gebrauchten Güter zu verstehen sind, die in einer öffentlichen Versteigerung verkauft werden, bei der die Verbraucher die Möglichkeit haben, dem Verkauf persönlich beizuwohnen". In anderen Mitgliedstaaten der EU fehlt eine solche Bestimmung, z.B. in Italien. Für den Begriff der „öffentlichen Versteigerung" ist die Definition des § 383 Abs. 3 BGB heranzuziehen, BGH, 09.11.2006, NJW 2006, 613, mit ausführlicher Erörterung der Gesetzgebungsgeschichte der fakultativen Ausnahmebestimmung der Verbrauchsgüterkauf-Richtlinie. Im Bereich des Kunstkaufs ist die Vorschrift des § 474 Abs. 1 Satz 2 BGB ein Fremdkörper, der die Kunstversteigerer privilegiert, ohne dass offenbar der Gesetzgeber dies beabsichtigt hat.

5 In der bekannten Jawlensky-Entscheidung hielt der BGH, 15.01.1975, BGHZ 63, 369, 375, den Haftungsausschluss für unangemessen, „wenn der Verkäufer die ihm obliegende Nachforschungspflicht grob fahrlässig verletzt oder sich über einen sich ihm aufdrängenden Zweifel hinwegsetzt, ohne dem Käufer hiervon Mitteilung zu machen". In der Zwischenzeit wurden die Anforderungen an die Nachforschungspflicht verschärft. Siehe BGH, 13.02.1980, NJW 1980, 1619 ff., 1621: „Es besteht aber kein Anlass, diese Einschränkung der Befugnis, sich auf die Haftungsfreizeichnung zu berufen, auf eine *grob* fahrlässige Verletzung der Sorgfaltspflicht zu beschränken" (Hervorhebung im Original).

„Übliche“ – wie in der Presse gerade zu lesen war[6] - sondern das im Verkehr Erforderliche (siehe § 276 Abs. 2 BGB).[7]

Was den Experten angeht, so wird er in der Regel von dem Auktionshaus beauftragt, eine Expertise abzugeben.[8] Bei einem solchen Dienstvertrag stellt sich die Frage, ob seine Schutzwirkung auch Dritte umfasst, also etwa den Einlieferer oder den Bieter, die sich auf einen solchen Vertrag berufen dürfen.[9] In manchen Fällen hat der Einlieferer das Objekt schon mit einer Expertise versehen. Bei anderen Sachverhalten spielen bereits erstellte Werkverzeichnisse eine besondere Rolle. Man hat versucht, außervertragliche Ansprüche des Eigentümers eines Kunstwerks gegen den Experten zu begründen, sei es aus Delikt oder auch aus dem Kartellrecht, da die Marktmacht der Experten diese nahelege.[10] Ein Durchbruch zu einer Kunstexpertenhaftung hat sich bisher in der deutschen Praxis – anders als in Frankreich[11] – noch nicht gezeigt.[12]

In den jüngsten Fälschungsskandalen[13], die sich vor allem um Werke aus der sogenannten Sammlung Jägers ranken, hat sich die Bedeutung der Experten noch

6 Rose Maria Gropp, Im Bereich des Üblichen? – Auch dem Auktionshaus Lempertz wird der Prozess gemacht: Hat es ein Bild versteigert, von dem es hätte wissen können, dass es sich um eine Fälschung handelt?, Frankfurter Allgemeine Zeitung 30.11.2011, S. 36.

7 In der Diskussion wurde die Frage gestellt, ob man bei der typisierenden Konkretisierung der Sorgfaltspflichten nach der Art der Objekte differenzieren könne, etwa nach einzelnen Marktsegmenten, und auf diese Weise Sorgfaltsanforderungen z.B. für Teppiche oder Porzellan unterscheiden könne. Es ist interessant zu sehen, dass in Frankreich besondere Vorschriften für die Angaben in Auktionskatalogen bestehen, die sich auf die Herstellungszeit alter Möbel beziehen lassen; siehe hierzu Cass., 20.10.2011, N° de pourvoi: 10-25980.

8 Instruktiv der Sachverhalt bei LG Köln, 18.03.2009, 91 O 10/08: Einlieferung eines Bildes von Léger, das Auktionshaus lässt eine Expertise erstellen, welche 1200 Euro kostet.

9 Siehe östOGH, 20.10.2005, JBl. 2006, 178, und hierzu Erik Jayme, „Mercato dei falsi“ e diritto civile (con spunti di diritto internazionale privato), in: Studi in onore di Giorgio Cian, Padua 2010, Band 2, S. 1389 ff., 1390 – 1392.

10 Siehe hierzu Friederike Gräfin von Brühl, Kunstexpertisen als Machtfaktor – die Position des Außenstehenden, in: Weller/Kemle/Lynen (Hrsg.), Kulturgüterschutz – Künstlerschutz, Baden-Baden 2009, S. 179 ff., 194: „Die Weigerung eines einflussreichen Experten, ein Kunstwerk auf seine Echtheit zu untersuchen, kann unter den aufgezeigten Voraussetzungen in der Tat kartellrechtswidrig sein und zu einer Pflicht des Experten führen, das betroffene Kunstwerk methodengerecht auf seine Echtheit zu untersuchen. Eine Pflicht zur Erteilung einer Positivexpertise ist dagegen grundsätzlich ausgeschlossen.“

11 Siehe z.B. Cour d'appel de Paris, 03.02.2004, Gazette du Palais 2004, 3190.

12 Siehe hierzu Kirchmaier, in: Ebling/Schulze, Kunstrecht, 2007, S. 244 f.; zur Auflösung des „Authentication Board“ der Andy Warhol Foundation wegen der „kostspieligen juristischen Prozeduren“ siehe den Bericht „Die Stiftung: Keine Verantwortung mehr für Warhol“, Frankfurter Allgemeine Zeitung, 22.10.2011, S. 38. Siehe auch Tilo Gerlach, Die Haftung für fehlerhafte Kunstexpertisen, Baden-Baden 1998.

13 Überblick bei Georges Waser, Ein Schelm als „Reichsgraf“ – Fälscherskandale auf dem Kunstmarkt, Neue Zürcher Zeitung, 10.9.2011, S. 21; siehe auch Patrick Bahners, Der König hat einen schweren Zacken – Verdacht auf Betrug: Heute verkündet das Landge-

gesteigert.[14] So vertritt etwa das Kölner Auktionshaus Lempertz die Auffassung, es habe seine Sorgfaltspflichten in jenen Zusammenhängen nicht verletzt. Es schreibt Henrik Hanstein in einem Leserbrief, der am 9. Juli 2011 in der Frankfurter Allgemeinen Zeitung veröffentlicht wurde[15]: „Ich betone an dieser Stelle, dass sämtliche Arbeiten aus der angeblichen Sammlung, die bei Lempertz öffentlich versteigert wurden, im Vorfeld von maßgeblichen Experten bestätigt worden sind. Meine Mitarbeiter und ich wurden, wie der gesamte Kunstmarkt, durch das äußerst geschickte und professionelle Vorgehen der Fälscher getäuscht. Eine Verletzung von Sorgfaltspflichten durch das Kunsthaus Lempertz weise ich entschieden zurück." Im jüngsten Fall eines falschen Campendonk im Sprengel-Museum in Hannover[16], sagte der Verkäufer, der Inhaber einer Galerie in München, er habe das Bild nochmals der Verfasserin des Werkverzeichnisses vorgelegt. Die Frage, wer für solche Verluste einstehe, bleibe virulent: „Die Experten haben ‚nur' mit Rufschädigung zu kämpfen [...], wir Händler stehen mit den wirtschaftlichen Folgen da". Eine neue Dimension hat die Diskussion um die Experten dadurch erreicht, als man erfuhr, dass gelegentlich Experten, falls sie ein Bild einem Künstler zuschreiben, eine Provision beim Verkauf erhalten.[17] Bei einer negativen Aussage entfällt dagegen ein solcher Gewinn. Hinzu tritt, dass der bereits am Erlös beteiligte Experte einen nicht ehrenamtlichen Sitz in dem Kunstbeirat der Sammlung innehat, der Ratschläge über die geplanten Ankäufe erteilt.[18]

Im Folgenden sollen die Rechtsfragen aus dem komplexen Geflecht der Beziehungen zwischen den Protagonisten des Kunstauktionswesens anhand von drei Fallstudien verdeutlicht und vertieft werden. Es handelt sich jeweils um Werke, die sich in meiner eigenen Kunstsammlung befinden. Die Sachverhalte sind weniger spektakulär, aber auf ihre Weise typisch.

richt Stendal sein Urteil im Streit um den vor elf Jahren von der Winckelmann-Gesellschaft ausgestellten Alexander-Torso, Frankfurt Allgemeine Zeitung, 30.05.2011, S. 27.

14 Siehe Niklas Maak, Das ist nicht die ganze Wahrheit – Der Prozess gegen die Kunstfälscher von Köln steht kurz vor dem Abschluss. Neue Erkenntnisse zeigen: Nur ein Bruchteil des Betrugs ist bislang ans Licht gekommen, Frankfurter Allgemeine Zeitung 12.10.2011, S. 29.

15 Frankfurter Allgemeine Zeitung, 09.07.2011, S. 8.

16 Bericht „Das Vorleben einer falschen Katze", Frankfurter Allgemeine Zeitung, 24.09. 2011, S. 41.

17 Julia Voss und Niklas Maak, Als ich mich fand in einem dunklen Walde, Frankfurter Allgemeine Zeitung,, 18.06.2011, S. 33.

18 Niklas Maak, Das Schicksal korrigieren, Frankfurter Allgemeine Zeitung 28.10.2011, S. 33.

II. Der fragliche Trübner: „Herbstlicher Wald"

Im Frühjahr 1998 erwarb ich das Bild „Herbstlicher Wald" im Nachverkauf einer Kunstauktion, als dessen Urheber im Auktionskatalog der berühmte Heidelberger Maler Wilhelm Trübner angegeben war. Es fehlte ein Hinweis auf die Provenienz. Das anerkannte Werkverzeichnis von Klaus Rohrandt – eine Kieler Dissertation aus dem Jahre 1971 - war nicht erwähnt. Ich ließ das Bild reinigen. Es weist einen ungewöhnlich kostbaren Rahmen auf, wie mir die Restaurateurin näher erklärte. Hinzu tritt die schöne Signatur in roter Farbe, bei der das „W" und das „T" ligiert sind, wie es sich für echte Trübner-Signaturen gehört. Der „Herbstliche Wald" ist eigentlich ein schönes Bild, das in die Zeit der „reinen" Malerei passt. Das Werk wurde im Herbst 2005 auf einer Ausstellung in der Städtischen Wessenberg-Galerie in Konstanz gezeigt. Die Ausstellung trug den Titel „Umbruch und Erinnerung".

Erst vor kurzem warf ich in anderem Zusammenhang einen Blick in das monumentale Werkverzeichnis zu Wilhelm Trübner von Klaus Rohrandt, eine Kieler Dissertation in zwei Bänden, wobei eigentümlicherweise der erste Band aus dem Jahre 1972[19], der von mir eingesehene zweite Teilband des zweiten Bandes die Jahreszahl 1971 trägt.[20] Wie der Autor im einleitenden ersten Band ausführt, betrachtet er „die Aufzählung aller fraglichen Werke und sämtlicher Fälschungen und falscher Zuschreibungen, die ihm bekannt wurden", als einen wichtigen Komplex seines Werkverzeichnisses.[21] Dort nun auf Seite 662 des

19 Klaus Rohrandt, Wilhelm Trübner (1851-1917) – Kritischer und beschreibender Katalog sämtlicher Gemälde, Zeichnungen und Druckgraphik. Biographie und Studien zum Werk, Band 1, Diss. Kiel 1972, Heidelberg, Universitätsbibliothek 74 P 5166 = SUB Göttingen 105 040 07X – Diis 74 B 5634.

20 Klaus Rohrandt, Wilhelm Trübner (1851 – 1917) – Kritischer und beschreibender Katalog sämtlicher Gemälde, Zeichnungen und Druckgraphik, Biographie und Studien zum Werk, Band 2 Teil 2, Kiel 1971 (Kiel, Universitätsbibliothek, Zentralbibliothek – T I 547-2,2). Für die Fertigstellung des Manuskripts dieses Referats wurde ferner entliehen: Band 2 Teil 1, Kiel 1971 (Stempel: Kunsthistorisches Institut der Universität Kiel – SUB Göttingen 200 217 666 – Diss 74 UB 5634); Band 2 Teil 2, Kiel 1971, SUB Göttingen 2000 217 674; Band 2 Teil 3, Kiel 1971 (SUB Göttingen 200 217 682.

21 Oben Note 18, Band 1, S. 18: „Hier werden noch Entscheidungen notwendig, die in der Mehrzahl nur durch Autopsie der einzelnen Werke zu ermöglichen sind."

„Herbstlicher Wald“, Wilhelm Trübner zugeschrieben

zweiten Teilbandes[22] des zweiten Bandes ist das Bild „Herbstlicher Wald“ erfasst und vernichtend beurteilt:

„Die Malweise lässt eine Autorschaft T's kaum zu. Die Signatur ist auf der dem Verfasser zur Verfügung gestellten Fotografie beschnitten. Die Zuschreibung an T' bleibt fraglich.“ Enthüllt wird die Provenienz, nämlich die Sammlung Georg Schäfer in Schweinfurt (Inv. Nr. 91380674), die damit wohl auch als der Einlieferer des Bildes im Jahre 1998 feststeht. Wo und wann der Schweinfurter Sammler das Bild erworben hat, bleibt im Dunklen.

Zunächst ein Wort zu dem Werkverzeichnis von Klaus Rohrandt. Es ist ein unbestrittenes Wunderwerk an Präzision und Unbestechlichkeit. Es gibt allerdings nur ganz wenige hektographierte Exemplare, die verfügbar sind ; das von mir eingesehene stammt aus der Kieler Universitätsbibliothek, in welches spätere Benutzer zusätzliche Eintragungen vorgenommen haben, so dass das Verzeichnis gelegentlich wie ein Palimpsest der Trübnerforschung erscheint. Der Autor hat in bewundernswerter Weise alles zusammengetragen, was zu Wilhelm Trübners Werken erreichbar war. Als Kunsthistoriker ist er später offenbar kaum noch hervorgetreten, hat aber noch einen Beitrag zum Katalog der Heidelberger Trübner-Ausstellung verfasst.[23]

22 Rohrandt, oben Note 19, S. 662 (handschriftlich verbesserte Paginierung): „Herbstlicher Wald (Erlenbruch) in einer feuchtmoorigen Landschaft“.

23 Klaus Rohrandt, Wilhelm Trübner und die künstlerische Avantgarde seiner Zeit, in: Ausstellungskatalog Kurpfälzisches Museum der Stadt Heidelberg 10. Dezember 1994 bis

Wenn Rohrandt ein Trübner zugeschriebenes Bild als „fraglich" bezeichnet, fällt es eigentlich im Hinblick auf den Kunstmarkt automatisch in den Sperrmüll, wenn man von dem kostbaren Blattgold- Rahmen absieht, so unbestritten ist die Kennerschaft des Autors. Man kann nur Vermutungen darüber anstellen, wie das Bild auf die Auktion gelangte. Der Schweinfurter Sammlung muss die Einstufung bekannt gewesen sein.[24] Man hat offenbar das Bild einige Jahrzehnte verwahrt und es dann ohne Angabe der Provenienz und der Herabstufung im Werkverzeichnis auf eine Auktion gegeben.[25] Es zeigt sich hier die ganze Schwäche des Kunstauktionswesens, weil für den Bieter weder der Einlieferer noch die Einstufung im Werkverzeichnis ersichtlich war. Der Anonymitätsgrundsatz des deutschen Kunstauktionswesens ist die Ursache für alle Misshelligkeiten. Natürlich kann der Käufer das Bild einige Tage vor der Auktion besichtigen; umfängliche Recherchen sind aber in der kurzen Zeit kaum möglich.

Nun kann aber der Sammler vielleicht in vorsichtiger Weise Argumente für eine positive Zuschreibung zusammentragen. Offenbar hat der Experte das Bild nur aus einer Fotografie gekannt. Außerdem stützt sich sein Vernichtungsurteil auf die "Malweise", d.h. eine Stilkritik. Früher verengte man den Blick auf Trübner gerne auf die breiten Pinselstriche in leuchtendem Grün, die das Mar-

19. Februar 1995 – Kunsthalle der Hypo-Kulturstiftung München 10. März bis 21. Mai 1995, S. 37 ff.

24 In der Diskussion zu diesem Referat wurde zum Beweis der Echtheit darauf hingewiesen, dass sich in der Sammlung Georg Schäfer viele Bilder von Trübner befinden oder befanden, eine solche – allerdings nicht im Auktionskatalog aufscheinende - Provenienz also für sich selbst spreche. Liest man im Ortsverzeichnis bei Rohrandt, Band 2, Teil 3 (oben Note 19), nach, so ergibt sich auf den Seiten 911 f., dass sich damals 64 Bilder des Künstlers in der Schweinfurter Sammlung befanden, wovon 7 als „unbestimmt", 4 als „fraglich" bezeichnet sind. Zu den 4 „fraglichen" Bildern gehört das Werk „Herbstlicher Wald". Es liegt nahe, dass bei der späteren Veräußerung von Teilen der Sammlung Georg Schäfer zunächst auf die fraglichen Bilder Trübners zurückgegriffen wurde. Die Verheimlichung der Einstufung bei Rohrandt verstieß nach der hier vertretenen Auffassung gegen die Verhaltenspflichten des Einlieferers und des Versteigerers. Man scheute offenbar auch eine Klärung mit dem Autor des Werkverzeichnisses. Man hätte eine „Autopsie" (oben Note 20), veranlassen können.

25 In der Diskussion zu diesem Referat wurde bemerkt, dass in den Auktionskatalogen bei Arbeiten von Wilhelm Trübner nur in wenigen Fällen auf das Werkverzeichnis von Klaus Rohrandt Bezug genommen werde. Das sehe ich anders, siehe z.B. Auktionskatalog Winterberg Nr. 83 (05.11.2011) Los 528, wo nicht nur die Nummer aus dem Werkverzeichnis von Rohrandt am Beginn der Katalogangaben steht, sondern auch im weiteren Text ausführlich aus den Hinweisen von Rohrandt zitiert wird. Zutreffend an jener Ansicht ist nur, dass bei Werken, die Rohrandt als „fraglich" bezeichnet, in Auktionskatalogen der Hinweis auf das Werkverzeichnis fehlt. Dies aber verstößt m.E. gegen die Nebenpflichten des Versteigerers. Siehe auch Auktionskatalog Grisebach, Klassische Moderne (25.11. 2011) Nr. 222, Wilhelm Trübner, „Buche mit Bank"... „Nicht bei Rohrandt": so sieht die korrekte Angabe des Versteigerers aus, die zeigt, dass das Auktionshaus das Werkverzeichnis von Rohrandt konsultiert hat.

kenzeichen seiner Kunst wurden. Heute weiß man, dass der Künstler viel experimentierfreudiger war und geradezu spielerisch mit verschiedenen Malweisen umging. Dabei stellt sich die Rechtsfrage, ob der heutige Eigentümer von dem Experten verlangen kann, dass er sich mit solchen Argumenten auseinandersetzt. Friederike Gräfin von Brühl möchte eine solche Pflicht des Experten aus dem Kartellrecht ableiten; sie knüpft dabei an die allumfassende Marktmacht des Experten an, die bei Rohrandt zweifellos gegeben ist.[26] Die Lage im deutschen Recht ist offen. Der Verfasser einer Kieler Dissertation kann sich allerdings immer auf die Wissenschaftsfreiheit des Grundgesetzes (Art. 5 Abs. 3 Satz 1 GG) berufen.[27] Er muss seine Ansicht nicht ändern, könnte es aber.

Ebenso unsicher ist die Lösung der Frage, ob der Bieter, hätte er denn das Werk von Rohrandt unmittelbar nach dem Erwerb des Bildes konsultiert, die Rückgängigmachung des Kaufvertrags hätte verlangen können. Die Katalogangaben sind nämlich im Regelfall keine Grundlage für eine Beschaffenheitsvereinbarung. Außerdem hilft dem Auktionshaus ein Haftungsausschluss. Die Frage bleibt aber, wem die Nachforschungspflicht obliegt, bzw. wer gehalten ist, das Werkverzeichnis von Rohrandt einzusehen.

Die schmerzliche Trübnergeschichte soll mit einem versöhnlichen Epilog enden: Vor kurzem konnte ich ein kleines Ölbild von Wilhelm Trübner auf einer Auktion erwerben, das im Werkverzeichnis von Rohrandt aufgeführt und ausführlich beschrieben ist, was aber im Auktionskatalog nicht vermerkt war: „Junger Priester die Monstranz haltend“, eine um 1881 entstandene Vorstudie zu dem monumentalen Tilly-Bild[28], das sich im Kurpfälzischen Museum in Heidelberg befindet.[29] Der Preis war günstig, etwa ein Zehntel desjenigen für den „Herbstlichen Wald“. Niemand interessierte sich für das Werk. Hätte man sich die Mühe gemacht, das Werkverzeichnis von Rohrandt zu konsultieren und dessen ausführliche Beschreibung anzuführen, so hätte die ganz zauberhafte Ölstudie auf dem Kunstmarkt wohl einen höheren Erlös erzielt.

26 Friederike Gräfin von Brühl, oben Note 9.

27 Siehe auch Eike Ullmann, Die Position des Außenstehenden – Werkverzeichnis, in: Weller/Kemle/Lynen (Hrsg.), Kulturgüterschutz – Künstlerschutz, Baden-Baden 2009, S. 195 ff., 201.

28 Rohrandt Band 2 Teil 1, oben Note 19, S. 289, G 371; abgebildet in Ausstellungskatalog Wilhelm Trübner, oben Note 22, Nr. 49 unter dem Titel: „Tilly reitet während der Schlacht bei Wimpfen in die Dominikanerkirche, um für den glücklichen Ausgang der Schlacht den Segen des Himmels zu erbitten“.

29 Rohrandt, Band 2, Teil 1 (oben Note 19), S.276, G 356 „Junger Priester mit Monstranz II“, „Ausst: Berlin 1962, W'T' Gemälde und Zeichnungen, Nr. 15, m. Abb.; Heidelberg 1962, W.T. Gemälde, Zeichnungen, Nr. 10“; „Prov. Gal. Gurlitt, München (1962, 1968); V.Kat.Tenner 52, Heidelberg 30.10.1965, Nr. 4382, Abb. Taf. 75 (Taxpreis 1800,-- DM).

Wilhelm Trübner, Junger Priester mit Monstranz II – Ölstudie

III. Anselm Feuerbach: Zeichnung mit Darstellung einer Treppe aus den Giardini Giusti in Verona

Ein zweites Beispiel betrifft eine nicht signierte, Anselm Feuerbach zugeschriebene Zeichnung, die im Jahre 2003 auf einer Auktion erworben wurde. Sie war dort folgendermaßen bezeichnet:

> Parktreppe in den Ginori-Gärten in Verona
> Gewischte Zeichnung in schwarzer und weißer Kreide 1864

Datiert „Oct.22.64“ sowie ortsbezeichnet „Giardini ginori“ und „Verona“. Auf graugrünem Vélin. Größe 38,9 x 29 cm. Mit geglätteten Querfalten, gebräunt und stockfleckig sowie Ränder mit leichten Läsuren und Fehlstellen. Landschaftsstudie in dem für Feuerbach typischen malerischen Zeichenstil mit dicht gesetzten Schraffuren, gewischten Kreidepartieen, sowie eckiggebrochenen Linienführungen, wohl u.a. als Vorlage für ein Hintergrundmotiv für verschiedene Gemälde wie „Hafis am Brunnen“ bzw. „Der Märchenerzähler“ dienend.

Das klingt schön und überzeugend. Bei näherer Untersuchung zeigt sich, dass die Angaben durchweg nicht zutreffen.

Betrachtet man zunächst den umfänglichen Briefwechsel Feuerbachs mit seiner Stiefmutter Henriette, so kann man sehen, dass Anselm Feuerbach am 22. Oktober 1864 nicht in Verona war, wie zwei Briefe aus Rom vom 20. und 24. Oktober dieses Jahres bezeugen.[30] Es gibt im Übrigen in Verona auch keine Ginori-Gärten. Die Familie Ginori gehört nach Florenz.[31] Vielmehr muss man die Ortsbezeichnung als „Giardini Giusti“ lesen. Das konkrete Verona spielt in Feuerbachs Kunst keine Rolle: „Romeo und Julia“, heute im Museum in Eisenach, malte er in Rom.[32] Feuerbach hat zwar immer wieder solche Treppen als Hintergrund verwandt, aber er griff dabei auf Zeichnungen zurück, die er 1857 in dem Park der Villa d’Este in Tivoli angefertigt hatte.[33]

So leicht es ist, die Zuschreibung einer unsignierten Zeichnung einer Kritik zu unterziehen, so schwer ist die positive Zuschreibung. Die Erleuchtung trat ein,

30 Anselm Feuerbachs Briefe an seine Mutter. Aus dem Besitz der Königlichen National-Galerie zu Berlin. Herausgegeben von G.J. Kern und Hermann Uhde-Bernays, Berlin 1911, S. 129 (Brief vom 20.10.1864) und Seite 131 (Brief vom 24.10.1864).

31 Zur Geschichte der Familie Ginori und ihrer Bedeutung für und in Florenz siehe Leonardo Ginori Lisci, The Palaces of Florence – Their History and Art, Band 1, Florenz 1985, S. 347 ff. (Nr. 49 „Palazzo Ginori“).

32 Abbildung in Ausstellungskatalog „Anselm Feuerbach“, Speyer 2001, S. 174 f., dort auch die Briefstelle des Grafen Schack, aus der sich ergibt, dass das Bild in Rom gemalt wurde.

33 Siehe Allgeyer (-Neumann), Anselm Feuerbach, 2. Aufl., Band 2, Berlin und Stuttgart 1904, S. 529 Nr. 335 (Parkstudie mit Treppe).

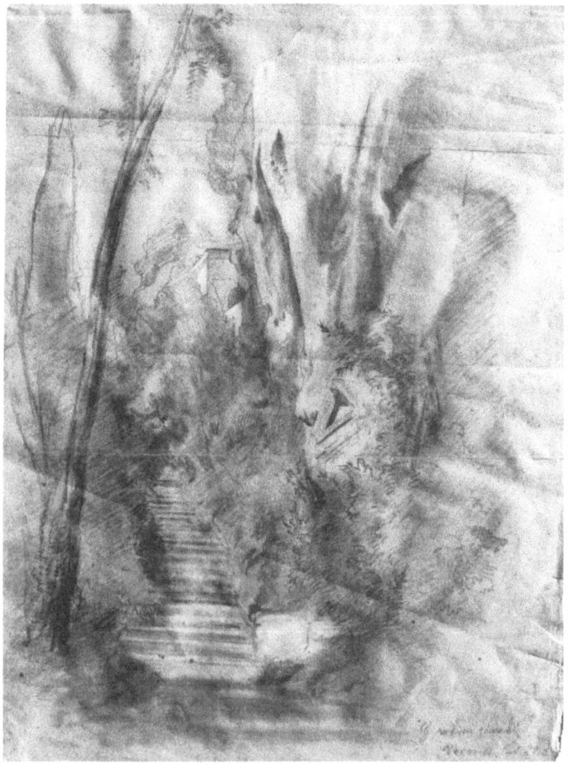

Anselm Feuerbach zugeschrieben, Verona, Giardini Giusti, 1864

als ich vor kurzem drei Zeichnungen von Albert Lang aus Privatbesitz erwarb.[34] Der Karlsruher Maler lebte lange Zeit in Italien, war mit Marées und Böcklin befreundet. Man kann sehen, dass Lang seine Zeichnungen aus Italien tagebuchartig mit Ortsbezeichnungen und genauem Datum versah und sie erst später – wenn überhaupt – signierte. Ganz anders Feuerbach, von dem eine solche Häufung präziser Angaben auf seinen Zeichnungen fehlt. Anselm Feuerbach blickte auf die Landschaft in anderer Weise; er sah in ihr den Teil einer idealen Komposition, die er bereits in sich trug.[35] Die Natur war für Feuerbach die Bestätigung

34 Siehe hierzu Erik Jayme, Italienträume der Böcklinzeit: Zur Erwerbung einiger Zeichnungen von Albert Lang, in: Nachrichten aus der Kunstsammlung Erik Jayme Nr. 18 (April 2011), S. 8 ff.

35 Siehe hierzu Marianne Küffner-Arndt, Feuerbach als Zeichner, in: Ausstellungskatalog "Anselm Feuerbach 1829 -1880 – Gemälde und Zeichnungen", Karlsruhe 1976, S. 111 ff., 118: „Anders als in der vorrömischen Zeit steht kaum noch eine Zeichnung nicht im Zusammenhang mit der Konzeption und der Entwicklung eines Gemäldes".

einer Idee. Ganz anders Albert Lang. Er hielt auf dem Blatt genau fest, wann und wo er welches Objekt gezeichnet hatte. Läse man die unleserliche letzte Ziffer als „9“, nicht aber als „4“, so würde man zu einem Aufenthalt von Albert Lang in Verona gelangen, der am 15. Oktober 1869 seine erste Italienreise antrat.[36] Schraffuren finden sich im Übrigen auch auf Zeichnungen von Albert Lang. Nach dem – bei Zeichnungen immer vorläufigem - Stand der Dinge ist es wahrscheinlich, dass es sich um eine Zeichnung von Albert Lang handelt. Anselm Feuerbach scheidet ganz aus.

Natürlich bestehen für die Spekulationen keine Grenzen. Viele deutsche Maler haben sich mit Verona beschäftigt, am intensivsten vielleicht Adolph Menzel, dessen unvergleichliches Bild „Die Piazza d'Erbe in Verona“ (1884) seit kurzem wieder in der Galerie „Neue Meister“ im Dresdener Albertinum zu sehen ist, wozu der Künstler in vielen Aufenthalten in Verona unzählige Vorzeichnungen anfertigte.[37]

Zurück zu den Rechtsfragen. Betrachtet man den Kunstmarkt, so kostet eine Zeichnung von Anselm Feuerbach das Zehn- bis Fünfzehnfache einer Zeichnung von Albert Lang. Es liegt daher nahe, dass der Einlieferer eine unsignierte Italienzeichnung als Feuerbach bezeichnet. Kennte man als Bieter den Einlieferer, so könnte man auch etwas Näheres über die Provenienz einer solchen Zeichnung erfahren. Als Ersteigerer ist man aber ganz dem Einlieferer ausgeliefert. Was das Auktionshaus angeht, so müsste es eigentlich darauf hinweisen, dass der Katalog den Angaben des Einlieferers folgt. Die fehlende Transparenz wirkt sich insgesamt auch ungünstig auf die wissenschaftliche Erfassung solcher Zeichnungen aus. Wichtige Zusammenhänge gehen für immer verloren oder sind nur mit Mühe zu rekonstruieren.

36 Jutta Hietschold, Albert Lang, Leben und Werk, Diss. Karlsruhe 1994, S. 9.

37 Siehe hierzu Luciano Pelizzari, Menzel in Verona. Die Italienreisen des großen deutschen Meisters des 19. Jahrhunderts, Leipzig 2008 (Katalog der Ausstellung „Menzel in Verona“ im Alten Rathaus zu Ingelheim am Rhein 19. Oktober - 30. November 2008). Menzel zeichnete auch den „Giardino Giusti“ in Verona, allerdings ohne Treppe, Pelizzari, S. 74, 317.

Albert Lang, Park der Villa Borghese

IV. Dritte Fallstudie: Friedrich Nerly, Fassade des Palazzo Barbaro-Curtis in Venedig

Nun treffen den Einlieferer vielleicht nicht nur Pflichten und Obliegenheiten, sondern er hat auch Rechte, nämlich dann, wenn er sich über die Bedeutung des Kunstobjekts irrte, bzw. wenn er keine oder nur unvollständige Vorstellungen über das eingelieferte Werk hatte. Wir erreichen damit die seit dem Ming-Vasen-

Friedrich Nerly, Fassade des Palazzo Barbaro Curtis, um 1840

Fall des Reichsgerichts komplexe Fallgruppe[38], bei welcher sich der Verkäufer über den Wert des Verkaufsobjekts zu seinen Ungunsten irrte, weil er die die wertbildenden Faktoren falsch eingeschätzt hatte. Hier stellt sich die Frage, ob dem Verkäufer ein Anfechtungsrecht nach § 119 Abs. 2 BGB zusteht, d.h. ob er seinerseits den Kauf zu Fall bringen kann.

Hierzu folgender Fall: Im Jahre 2009 wurde eine signierte Zeichnung von Friedrich Nerly erworben, die im Auktionskatalog als „Fassade eines Palazzo in Venedig“ bezeichnet war. Der 1807 in Erfurt geborene Künstler ließ sich 1835 in

38 RG, 22.02.1929, RGZ 124, 115. Siehe auch Kurt Siehr, Was ist eine Fälschung? Rechtsfolgen des Handels mit gefälschten Kunstwerken, Wien 2008, S. 30 ff.; Marcello Farneti, Quali rimedi contrattuali in caso di vendita di opere d'arte di paternità controversa, La nuova giurisprudenza civile commentata, XXVII (2011), parte seconda, 429 ff.; zur Aktualität der Frage siehe „Auktionsrekord. Wieder eine Mingvase“, Frankfurter Allgemeine Zeitung, 08.10.2011, S. 39.

Venedig nieder, wo er 1878 starb. Seine romantischen Veduten der Lagunenstadt, vor allem seine Mondaufgänge und Nachtstücke, veränderten den Blick auf Venedig und leiteten eine neue Sicht der Serenissima ein, wie die jüngste Karlsruher Ausstellung „Venedig-Bilder“ eindrucksvoll belegte.[39] Seine Ölbilder bereitete er durch Detailstudien venezianischer Gebäude vor.

Hierzu gehört die auf den ersten Blick unscheinbare, aber ungemein feine Zeichnung, die Gegenstand der folgenden Betrachtungen ist. Es handelt sich allerdings nicht um irgendeinen venezianischen Palast, sondern um die Fassade des linken Teils des Palazzo Barbaro Curtis am Canal Grande. Der einst der venezianischen Patrizierfamilie Barbaro gehörende Palast wurde in der zweiten Hälfte des 19. Jahrhunderts von der aus Boston stammenden Familie Curtis erworben. Er wurde ein Zentrum des amerikanisch-europäischen Geisteslebens. Isabella Stewart Gardner kam damals von Boston nach Venedig. Anders Zorn schuf dort ihr Porträt.[40] Das von ihr gebaute und nach ihr benannte Isabella Stewart Gardner Museum in Boston ist ein Stück Erinnerungsarchitektur, das den Palazzo Barbaro zum Vorbild hat. Henry James (1843 – 1916) lebte einige Zeit im Palazzo Barbaro Curtis, der als Palazzo Leporelli in dem Roman „The Wings of the Dove“ (1902) der reichen, todkranken, aber lebenshungrigen Milly Theale als Zufluchtsort dient.[41] Hier findet sie in dem von Erinnerungen an prächtige Vergangenheiten durchtränkten Ort das für sie bestimmte Glück in dem „sweet taste of solitude“[42]. Henry James selbst, als er einmal allein in den Gemächern des Palastes Barbaro wohnte, schrieb an Ariana Curtis: „I strutted about in them with a successful effort of self-deception and tasted for once the feeling of earthly greatness.“[43]

39 Siehe den Ausstellungskatalog „Venedig-Bilder in der deutschen Kunst des 19. Jahrhunderts“, Städtische Galerie Karlsruhe, 27. November 2010 bis 6. März 2011, Städtische Galerie in der Reithalle Paderborn. Schloss Neuhaus, 2. April bis 3. Juli 2011, Petersberg 2010.

40 Vollendet am 22.10.1894; siehe hierzu Jens Christian Jensen (Hrsg.), Anders Zorn 1860 – 1920, Gemälde Aquarelle, Zeichnungen, Radierungen, Ausstellungskatalog Kunsthalle Kiel 3. September bis 22. Oktober 1989 – Kunsthalle der Hypo-Kulturstiftung München 23. Januar bis 25. März 1990, S. 60 f.; Abbildung bei Alan Chong, Artistic Life in Venice, in: Gondola Days Isabella Stewart Gardner and the Palazzo Barbaro Circle, Boston 2004, S. 87 ff., 106 (eine Radierung S. 104 Abb. 76).

41 Siehe den von Rosella Mamoli Zorzi herausgegebenen Ausstellungskatalog „'Gondola Days' - Isabella Stewart Gardner e il suo mondo a Palazzo Barbaro-Curtis”, Venezia, Biblioteca Nazionale Marciana, 08.10. – 07.12.2004, S. 98.

42 Henry James, The Wings of the Dove, in: Novels 1901-1902, New York 2006, S. 507; siehe auch Henry James, Letters from the Palazzo Barbaro, Edited by Rosella Mamoli Zorzi, London 2001.

43 Zitiert aus Rosella Mamoli Zorzi, „Figures reflected in the clear lagoon“ – Henry James, Daniel and Ariana Curtis, and Isabella Stewart Gardner, in: Gondola Days – Isabella Stewart Gardner and the Palazzo Barbaro Circle, Boston 2004, S. 129 ff., 141.

Die Zeichnung von Friedrich Nerly, die ungefähr 1840 entstand, gibt einen Zustand wieder, der vor der Restaurierung durch die Familie Curtis bestand, d.h. mit einigen Zutaten und späteren Vorbauten. Gleichwohl hätte es nahe gelegen, dass der Einlieferer, hätte er denn den Palast identifiziert, die Zeichnung entweder dem Museum in Boston oder aber den heutigen Besitzern angeboten hätte. Der Wert der so bestimmten Zeichnung hätte wohl über dem eher bescheidenen Hammerpreis in der deutschen Auktion gelegen. Es stellt sich die Frage, ob der Einlieferer nunmehr den Erwerb der Zeichnung zu Fall bringen könnte, in dem er - oder das Auktionshaus – sich auf § 119 Abs. 2 BGB beriefe, der eine Anfechtung der Willenserklärung wegen Irrtums über eine verkehrswesentliche Eigenschaft gestattet.

Diese Frage führt auf eigentümliche Weise wieder zum Palazzo Barbaro Curtis zurück, weil nämlich die grundlegende Entscheidung des BGH zur Irrtumsanfechtung beim Kunstkauf ein Bild betraf, das der Verkäufer als von Frank Duveneck stammend veräußert hatte.[44] Dieser amerikanische Maler – der nur zeitweilig in München dem Leibl-Umkreis angehörte – hatte nämlich im Palazzo Barbaro Curtis einige Zeit verbracht[45] und in seiner venezianischen Zeit Ralph Curtis porträtiert.[46] Das im Verfahren vor dem BGH streitgegenständliche Bild war von dem Sachverständigen Dr. S als eindeutiges Original von Frank Duveneck begutachtet worden. Der Verkäufer entdeckte das Werk später auf einer Ausstellung über Wilhelm Leibl und seinen Malerkreis als Werk von Wilhelm Leibl ausgestellt. Er focht Kaufvertrag und Übereignung an. Der Beklagte stützte sich dagegen auf die Äußerung eines Sachverständigen, es würden die Bilder von Duveneck in den USA etwa so hoch gehandelt wie Werke von Leibl in Deutschland. Das Berufungsgericht hatte allerdings ausgeführt, es komme auf den Wert am Ort des Verkaufsgeschäfts an und „jedenfalls in München genieße ein Bild von Leibl höhere Wertschätzung als ein solches von Duveneck".[47] Der Bundesgerichtshof ließ sich auf solche Überlegungen nicht ein. Er sah in der Urheberschaft des Gemäldes eine verkehrswesentliche Eigenschaft; damit war zugleich ein Anfechtungsgrund für das Verpflichtungs- und das Verfügungsge-

44 BGH, 08.06.1988, NJW 1988, 2597.

45 E(lizabeth) A(nne) M(cCauley), Frank Duveneck (1848 -1919), in: Gondola Days, oben Note 42, S. 231 f.; zu Frank Duveneck in Venedig siehe auch Margaret F. MacDonald, Palaces in the Night – Whistler in Venice, University of California Press 2001, S. 26 ff., 70, 96.

46 Richard Lingner „A most singular, original and entertaining couple" – Daniel and Ariana Curtis in Boston and Venice, in: Gondola Days, oben Note 42, S. 53 ff., 71, Farbabbildung 46.

47 Im Schrifttum wird eine Anfechtung des Verkäufers meist dann befürwortet, wenn der Wert der verkauften Sache den Wert der fehlenden, aber vereinbarten Beschaffenheit überstieg, siehe Bamberger/Roth/Wendtland, BGB, 2. Aufl. 2007, § 119 Rdnr. 9 Fußn. 29 mit Nachweisen.

schäft gegeben. Die Sonderbestimmungen des Kaufrechts über die Gewährleistungsrechte stünden nicht entgegen, da sich der Käufer nicht auf diese berief. Im Schrifttum finden sich verschiedene Gegenüberlegungen. Manche wollen dem irrenden Verkäufer überhaupt kein Anfechtungsrecht gewähren[48]; andere geben dem Käufer, der die Sache behalten will, Einreden gegen die sich aus der Anfechtung ergebenden Rückgewähransprüche.[49]

Allerdings geht es in unserem Fall nicht um die Urheberschaft, sondern nur um die Kenntnis des Palastes, den Nerly dargestellt hatte. Der Irrtum über den Wert sowie den Preis eines Kaufobjekts ist für sich allein kein Anfechtungsgrund i.S.d. § 119 Abs. 2 BGB. Als möglicher wertbildender Faktor hat die Ortsbezeichnung „Palazzo Barbaro Curtis“ aber m.E. keine so allgemeine Bedeutung auf dem Kunstmarkt, dass eine „verkehrswesentliche Eigenschaft“ anzunehmen ist. Ferner wären Zweifel an der Kausalität des Irrtums angebracht. Zu erinnern ist in diesem Zusammenhang an eine häufig geschmähte Entscheidung des Amtsgerichts Coburg, welche einem Flohmarktverkäufer die Anfechtung versagte, obgleich sich herausstellte, dass die für einen kleinen Betrag veräußerten Notenhandschriften von Mozart stammten.[50] Auch der Umschlag von Kunst auf Versteigerungen ist letztlich eine Art Risikogeschäft.[51] Kennerschaft des Erwerbers sollte daher diesem nicht schaden.

V. Schlussfolgerungen

Die Schwäche des deutschen Kunstauktionswesens liegt in der fehlenden Transparenz. Der Bieter weiß nicht, wer das Objekt eingeliefert hat. Nur so ist der Erfolg der Werke aus der sogenannten Sammlung Jägers zu erklären. Das „Rote Bild mit Pferden“, angeblich von Heinrich Campendonk 1914 geschaffen, hatte im Auktionskatalog folgende Herkunftsbezeichnung[52]: „Alfred Flechtheim; um 1930 bei Flechtheim erworben, seitdem im Familienbesitz, Privatsammlung Frankreich“. Hätte die Öffentlichkeit den Einlieferer gekannt, dann wären die Fälschungen schnell erkannt worden. Nun lässt sich an dem Anonymitätsgrundsatz des Auktionswesens nicht viel ändern, zu stark sind die wirtschaftlichen In-

48 Palandt-Ellenberger, Bürgerliches Gesetzbuch, 70. Aufl. 2011, § 119 Rdnr. 28; OLG Oldenburg, 28.07.2005, NJW 2005, 2556 f. (Internetauktion).

49 Siehe die Zitate aus Werner Flume, Eigenschaftsirrtum und Kauf, 1948, in der Entscheidung des BGH, 08.06.1988, oben Note 43.

50 AG Coburg, 24.4.1992, NJW 1993, 938. Die Entscheidung wird – wenn überhaupt - ablehnend zitiert, siehe z.B. Palandt-Ellenberger, BGB, 70. Aufl. 2011, § 119 Rdnr. 27.

51 Gernot Schulze, in: Ebling/Schulze, Kunstrecht, München 2007, S. 162 mit Nachweisen in Fußnote 49.

52 Zitiert nach Gropp, oben Note 6.

teressen der Beteiligten. Eine wesentliche Verbesserung bestünde aber darin, dass der Versteigerer angibt, dass es sich um Angaben des Einlieferers handelt, bzw. dass die Katalogbeschreibung diesen Angaben folgt. Im Übrigen hat der Bundesgerichtshof den Versteigerer seit dem bekannten Jawlensky-Fall weitgehend in Schutz genommen.[53] Als Begründung dienten u.a. der häufige Eigentumswechsel von Kunstgegenständen oder die Kriegswirren; der Versteigerer sei „vielfach gar nicht in der Lage, durch zumutbare eigene Nachforschungen Sicherheit über die Echtheit des Werkes zu erlangen".[54] Die Anforderungen an die Sorgfalt des Auktionators dürften und sollten sich allerdings im Laufe der zivilrechtlichen Verfahren zu den vielen Werke aus der angeblichen Sammlung Jägers verschärfen. Der Hinweis auf den Experten dürfte dann nicht genügen, wenn dieser für eine positive Begutachtung bekanntermaßen eine Provision erhält, wobei es allerdings stets auf die Umstände des Einzelfalls ankommt.

Man kann in diesem Bereich auf das französische Recht hinweisen, welches den Käuferschutz durch Vorschriften über die Katalogangaben und die darin enthaltenen Garantien in weitaus höherem Maße verwirklicht als das deutsche Recht.[55]

Was den Experten selbst angeht, so ist der nach deutschem Recht noch weitgehend haftungsfrei, zumal ein Schädigungsvorsatz i.S.d. § 826 BGB schwer nachzuweisen sein wird. Die Beweislast könnte sich aber umkehren, wenn der Experte an dem Erlös des begutachteten Werks beteiligt wird. Im Übrigen werden zusätzlich chemische Analysen immer mehr an Bedeutung gewinnen.

Was den fehlenden Verbraucherschutz im deutschen Auktionswesen angeht, so bliebe ein Appell an den Gesetzgeber, den § 474 Abs. 1 Satz 2 BGB wieder abzuschaffen, wirkungslos. Die Bieter stellen keine politisch wirksame Kraft dar. Anders ist dies bei den in Verbänden organisierten Versteigerern. Die gegenwärtige Rechtslage ist daher kaum geeignet, einen abschreckenden Effekt zu bewirken. Es ist vielmehr der Markt selbst, der unter dem Eindruck der jüngsten Ereignisse dazu geführt hat, dass sich die Auktionshäuser in stärkerem Maße als bisher um die Provenienzen kümmern und sich auch deutlich durch die Präzision ihrer Herkunftsangaben unterscheiden. Es gibt hier ganz erstaunliche Entwicklungen und Verschiebungen in den bisherigen Marktsegmenten; aber das interessiert eher den Sammler als den Juristen.

53 BGH, 15.01.1975, BGHZ 63, 369, 374.

54 Vorige Note.

55 Siehe das Décret n°81-255 du 3 mars 1981 sur la répression des fraudes en matière de transactions d'oeuvres d'art et d'objets de collection – Version consolidée au 22 novembre 2011. Siehe hierzu auch Birgit Thomsen, Käuferschutz bei Kunstauktionen – Vergleich der Rechte Deutschlands, Frankreichs, der Schweiz und Perspektiven spezialgesetzlicher Regelungen der USA, Bielefeld 1989, S.127 ff.

Teil II: Kunstvertrieb

Pragmatischer Idealismus: Aspekte des Arbeitsverhältnisses von Galerien und Künstlern

Birgit Maria Sturm[*]

I. Vorbemerkung

Eine Künstlerkarriere ist heute ohne die Mitwirkung einer ambitionierten Galerie nicht mehr vorstellbar. Galeriearbeit bedeutet: Entdeckung und Positionierung von Künstlern, deren Werke ausgestellt, inhaltlich vermittelt, dokumentiert, publizistisch begleitet und verkauft werden.

Wenn man über den Kunstmarkt spricht, begibt man sich schnell auf Glatteis, denn es gibt – in Deutschland vielleicht mehr als anderenorts – Ressentiments gegen die Liaison von Kunst und Geld. Diese machen sich auch sprachlich bemerkbar, etwa in dem Ausdruck „Kunstmarkt-Künstler". Wobei gerade erfolgreiche Künstler ein relativ entspanntes Verhältnis zum Marktgeschehen haben. „*Kunst ist erst dann vollendet, wenn sie verkauft ist*"[1] – ein Credo von Sigmar Polke, dessen Sprachwitz es erlaubt, den heroischen Begriff der Vollendung mit den (vermeintlichen) Niederungen des Marktes zu verschweißen und zugleich zu suggerieren, es könnte ironisch gemeint sein.

Das interessierte Publikum geht von der Vorstellung aus, dass Kunstwerke – vor allem dann, wenn sie den Blick auf die Dinge und die Welt neu eröffnen – eine Geltung „an und für sich" haben. Das ist ein schöner Gedanke. Aber es muss erst einmal jemand da gewesen sein, der diese Qualität erkannt hat *und* über die nötigen Mittel und Wege verfügt, die Augen der Rezipienten in die Richtung dieser Artefakte und ihrer Urheber zu lenken.

Diese Lenkung findet zumeist im Rahmen eines Zusammenspiels institutioneller und kommerzieller Kunstvermittlung statt. Der Blick dieser Tagung ist auf den kommerziellen Transfer gerichtet und dieser läuft über Galerien, die als Entdecker und Förderer den Dreh- und Angelpunkt des Kunstmarktes darstellen. Denn ein Galerist ist nicht nur Vermarkter, sondern im besten Fall Impulsgeber, Motor, eine Art Regisseur für die Präsentation von Kunst. Er ist mitverantwort-

* Birgit Maria Sturm ist Geschäftsführerin des Bundesverbandes Deutscher Galerien und Kunsthändler (Berlin) und war von 2004 bis 2010 Sprecherin des Deutschen Kunstrats.

1 Aufdruck auf der Titelseite eines Prospektes mit Neuerscheinungen des Taschen Verlags. Köln, 2008.

lich für deren Wahrnehmung und Geltung in einem Markt, der sich wesentlich von anderen Märkten unterscheidet.

Die Objekte dieses Marktes – zumeist Unikate – haben keinen unmittelbaren Gebrauchswert. Bei Kunstwerken handelt sich fast stets um Anschauungsobjekte, die primär einen *symbolischen* Wert, einen historisch gewachsenen *Anerkennungswert* haben oder im Laufe der Zeit generieren. Als Prestigemärkte gibt es ausdifferenzierte Kunstmärkte nur in wirtschaftlich hoch entwickelten Gesellschaften und in solchen, die auf dem Wege hierzu sind. Kunsterwerb können nur diejenigen sich leisten, deren primäre und sekundäre Bedürfnisse bereits über das Maß hinaus befriedigt sind.

Nach dieser Einleitung werde ich im folgenden ersten Teil zunächst den Kontext skizzieren, in dem sich Galerien im Zusammenspiel mit Künstlern bewegen. Im zweiten Teil werden einige marktspezifische Aspekte und Problemzonen angesprochen, die auf die kulturpolitischen Stoßrichtungen des Bundesverbandes Deutscher Galerien verweisen.

In der Kürze der Zeit kann die inhaltlich substantielle, kommunikativ herausfordernde und wirtschaftlich oft riskante Form genuiner Kulturarbeit, die eine Galerie leistet, nicht in ihrer ganzen Komplexität ausgeleuchtet werden.

II. Galerien und Künstler im Betriebssystem Kunst

1. Die Galerie

Eine Galerie ist, prosaisch gesehen, ein wirtschaftlich geführtes Einzelhandelsunternehmen, das der Buchführungspflicht unterliegt, Steuern zahlen und für angestellte Mitarbeiter Sozialversicherungsbeiträge abführen muss.

Zum weniger Prosaischen: Galerien arbeiten vorwiegend mit zeitgenössischen Künstlern – zumeist auf Kommissionsbasis – zusammen und haben in der Regel ein bestimmtes „Programm“. Minimalistische Objekte wird man in einer auf wilde, gestenreiche Malerei ausgerichteten Galerie eher nicht finden. So ist denn auch der Künstlerstamm begrenzt. Je nach Betriebsgröße sind es ein, zwei oder drei Dutzend Künstler, die nicht prinzipiell exklusiv, sondern oft in Kooperation mit Partnergalerien vertreten werden. Dabei ist die Grenze zwischen dem sogenannten *Primär*markt (- hier findet der *Erst*verkauf bei direkter Honorierung des Künstlers statt) und dem *Sekundär*markt (hier findet der *Zweit*- bzw. *Wieder*verkauf, also Kunsthandel statt) mitunter fließend und ergibt sich mit dem Grad der Etabliertheit einer Galerie und ihrer Künstler fast zwangsläufig.

Ad hoc-Galeriegründungen scheitern nicht selten. Ein paar Künstler-Freunde zu haben, einen schönen Raum anzumieten und Bilder aufzuhängen, reicht nicht aus – ebenso wenig ein Kunstgeschichtsstudium. Die lange Durststrecke am Anfang ist ohne finanzielles Polster kaum zu bewältigen. Unterschätzt wird (von Anfängern) auch die Rolle des „Betriebssystems Kunst“ *und* dass man sich als Galerist in zwei diametral entgegen gesetzten sozialökonomischen Milieus bewegen können muss: nicht nur in dem der Künstler, sondern auch in dem der Kunstkäufer, der Sammler.

Einen direkten Ausbildungsweg zum Kunsthändler gibt es nicht. Professionelle Galeristen haben sich in ihrem Vorleben schon in der „Szene“ bewegt oder sind aus kulturaffinen Berufen hier eingestiegen. Zusehends ist zu beobachten, dass familiär vorgeprägte Galeristen, die mit der Kunst und dem ganzen Umfeld aufgewachsen sind, im Kunstmarkt reüssieren: Die Söhne und Töchter von Sammlern, Künstlern, Museumsleuten und Galeristen genießen durch ihre natürlichen Kontakte in der Kunstwelt einen nicht unerheblichen Vorteil (Beispiele: Zwirner, van de Loo, Ludorff, Schmela, Blau, König, Thomas, Bernheimer, Greve, Meyer, van der Grinten, Sander u.a.).

Galerien brauchen ein urbanes, kulturell dynamisches Umfeld, Orte, an denen es eine Akademie, einen Kunstverein, öffentliche Sammlungen und möglichst viel kreativen Wildwuchs gibt. Die größte Galeriendichte findet man deshalb in Berlin, Düsseldorf, Köln, gefolgt von Stuttgart, München, Leipzig, Frankfurt und Hamburg. Es gibt junge Szenegalerien, es gibt mittelständische, regional engagierte und es gibt international ambitionierte Galerien. Natürlich sind weitere Schattierungen und fließende Übergänge denkbar – und auch auf dem flachen Land finden sich mitunter professionell arbeitende Galerien.

2. Die Zusammenarbeit von Künstler und Galerist

Das Verhältnis von Künstler und Galerist ist eine Art *komplementäre Relation*: Eine Galerie ohne Künstler funktioniert ebenso wenig wie eine Künstlerkarriere ohne Galerie. Künstler, die sich über ihr Atelier selbst vermarkten, haben weder öffentliche Resonanz, noch sind sie in den Institutionen sichtbar. Diese Ziele kann ein Künstler erfahrungsgemäß nur im Verbund mit einer Galerie ansteuern und erreichen.

Die Beziehung von Künstler und Galerist ist meist sehr persönlich geprägt, es gibt mehr Nähe als Distanz. Auch dies mag ein Grund dafür sein, dass *Verträge* im Kunstmarkt eher die Ausnahme als die Regel sind – ganz im Gegensatz zu den anderen Kulturbranchen. Im Verlagswesen, in der Musik- und Filmindustrie läuft nichts ohne Reglement. Im Gespräch mit Galeristen und bildenden Künstlern hingegen zeigt sich häufig, dass vertragliche Vereinbarungen für verzichtbar gehalten werden: entweder es läuft auch ohne oder es läuft eben nicht.

Dennoch hat der BVDG die *Grundsätze der Zusammenarbeit von Künstlern und Galerien*[2] konzipiert. Auf knapp 25 Seiten werden hier die wichtigsten Aspekte der Galeriearbeit umrissen: Was sind die Essentials eines Ausstellungsprojekts? Wie funktioniert der Kommissionsverkauf? Wie werden Preise ermittelt? Wie werden Verkäufe abgerechnet? Welche steuerlichen und rechtlichen Besonderheiten sind zu beachten? Wer übernimmt Katalog- oder Produktionskosten? Welche Ansprüche kann eine Zweitgalerie stellen?

Wegen des sehr individuellen Profils einer Galerie sind manche dieser Fragen nicht in Stein gemeißelt zu beantworten. Es ging in den *Grundsätzen* vielmehr darum, ein Bewusstsein dafür zu schaffen, wichtige Punkte, wenn auch nicht in Form eines formalisierten Vertrages, so doch wenigstens schriftlich festzuhalten. Zwar sind auch mündliche Absprachen rechtsverbindlich – aber im späteren Konfliktfall sind solche weder zu bezeugen, noch werden sie von den Kontrahenten einheitlich erinnert.

Ein zentraler Punkt der *Grundsätze* sei an dieser Stelle herausgegriffen: Nur die wenigsten Galerien haben ein Finanzpolster, dass es ihnen erlauben würde, die Werke ihrer Künstler grundsätzlich anzukaufen, wie es Kahnweiler mit Picasso oder Michael Werner mit Baselitz machen konnte. In der Regel wird heutzutage das Kommissionsgeschäft angewandt – eine Handelsform, bei der ein Galerist zu keinem Zeitpunkt Eigentümer der Werke, sondern lediglich deren Vermittler ist. Dabei hat sich nach Verkäufen das Modell 50:50 eingespielt, das heißt, Künstler und Galerist teilen sich den Umsatz je zur Hälfte.

Aber nicht nur die enormen Standmieten und Nebenkosten der Kunstmessen, sondern auch die Selbstverständlichkeit, mit der Kunden und Sammler bei Kunstkäufen Rabatte einfordern, strapazieren den Etat einer Galerie heutzutage erheblich. Deshalb vertritt der BVDG die Auffassung, dass bei Messeverkäufen und bei Transaktionen, die ohne die Gewähr eines Nachlasses gar nicht zustande gekommen wären, der Modus *60 Prozent für den Galeristen und 40 Prozent für den Künstler* gelten soll. Dies ist kein Gesetz – aber eine Empfehlung, die mit Einwilligung der Künstler umgesetzt werden kann und absolut seriös ist.

Der Respekt des Künstlers vor der Vermittlungsleistung seiner Galerie einerseits und die kontinuierliche Marktförderung des Künstlers durch den Galeristen andererseits sind die beste Voraussetzung für eine langfristige Zusammenarbeit. Im Kontext des vom BVDG organisierten Künstler-Förderprogramms auf der Kunstmesse Art Cologne wird regelmäßig die Nachhaltigkeit der Kooperation von Künstlern und Galerien der letzten drei Jahre evaluiert. Dabei konnten wir feststellen, dass achtzig Prozent der befragten Galerien kontinuierlich mit ihren Künstlern arbeiten, das heißt: ihre Werke verkaufen, Ausstellungen veranstalten,

2 Grundsätze der Zusammenarbeit von Künstlern und Galerien. Hrsg. Bundesverband Deutscher Galerien, Berlin 2010.

Projekte für sie organisieren. Dies ist, wie wir finden, eine qualitativ extrem positive Zahl, die wir in der Öffentlichkeit gerne öfter genannt hören würden – anstelle der ewigen Repetition rein quantitativer Verkaufsschlagerzahlen der Auktionshäuser.

3. Betriebssystem Kunst

Die Qualität eines Künstlers und die Ambitionen einer Galerie sind jedoch nicht alleine ausschlaggebend für ihren Erfolg in der Kunstwelt. Eine Galerie ist keine Monade, sondern eine hochkommunikative Unternehmung. Sie ist dynamisch verankert im *Betriebssystem Kunst* oder wird darauf hinarbeiten, sich in diesem Netzwerk möglichst gut zu positionieren. Denn sie braucht die Resonanz von „kommerzfernen" Multiplikatoren: von Kuratoren, Kunstvereinsleitern, Museumsleuten und sonstigen Akteuren – natürlich auch von Sammlern, Kollegen und externen Künstlern.

Weitere *Anerkennungsformate* kommen hinzu: beispielsweise die Medien (wird über die Aktivitäten einer Galerie berichtet?) und die Kunstmessen (wird die Galerie auf diesen Marktforen zugelassen?). Analog hierzu bemisst sich auch der Status eines Künstlers an seiner Verortung *durch* diese beziehungsweise *in* diesen Instanzen.

Für einen jüngst in der ZEIT erschienen Artikel[3] wurde ein Berliner Galerist sechs Monate dabei beobachtet, wie er einen jungen, unbekannten Künstler im Markt zu positionieren versucht. In dieser Story wird die Funktionsweise des Betriebssystems Kunst sehr anschaulich dargestellt – hier eine kurze Skizze:

Ein Galerist arbeitet seit ein paar Jahren mit dem Künstler zusammen, von dessen Arbeit er seit Anbeginn überzeugt ist. Um Sammler für ihn zu begeistern, organisiert der Galerist ein Essen in einer bekannten Berliner Ausstellungs-Institution, deren Direktorin demnächst eine Ausstellung mit dem Künstler ausrichten wird. Parallel werden seine Aktivitäten geschildert, den Künstler zur Teilnahme an einer Kunst am Bau-Ausschreibung für einen Flughafen zu bewegen. Der dritte Erzählstrang beschreibt das Umfeld der Kunstmesse Art Basel, zu der unser Galerist nicht zugelassen wird. Aus der Not eine Tugend machend, hat er kurzerhand einige Jahre zuvor eine Satellitenmesse mitbegründet, wo er seine Entdeckung zeigen wird.

Das vorläufige Ende der Geschichte: Der Künstler wird für das Flughafen-Projekt ausgewählt und Gäste des Berliner Sammler-Dinners kaufen sämtliche Arbeiten, die der Galerist auf der Baseler Volta Show präsentiert hat. Was sich

3 *Jörg Burger*, Kunstmarkt unter Strom. In: DIE ZEIT, 1. September 2011, online unter: http://www.zeit.de/2011/36/DOS-Kunstmarkt.

wie ein Märchen anhört, ist das Ergebnis zäher Vermittlungsarbeit, in deren Fokus nicht nur der Künstler steht, sondern auch alle Protagonisten, die für dessen späteren Erfolg wichtig werden könnten: ein Sammlerpaar, die Kuratorin des Kunstvereins, die Juroren des Wettbewerbs und nicht zuletzt der Journalist, der diese Geschichte in einer großen überregionalen Zeitung platziert hat.

In einem Marktgebilde, dessen Hierarchie durch den Status, durch die breite Vernetzung und durch die finanziellen Ressourcen seiner Akteure definiert ist, gibt es einen ziemlich unsanften Verdrängungswettbewerb. Davon sind nicht nur Galerien, sondern auch die Künstler selbst betroffen:

> „Der kommerzielle Sektor des Betriebssystems Kunst ist und war in postfeudalen Zeiten immer mitverantwortlich für einen Wettbewerb unter Künstlern und damit – Gott sei es gedankt – mitverantwortlich für die meisten Ausnahmewerke der bildenden Kunst. Alles andere zu behaupten ist entweder naiv, utopisch oder verlogen."[4]

Nicole Hackert, Mitinhaberin einer der erfolgreichsten Galerien Deutschlands, bringt die „Filterfunktion" hier klar auf den Punkt. Die große Anzahl bildender Künstler, die begrenzten Kapazitäten der Galerien und der überschaubare Kreis finanzkräftiger Kunstkäufer stehen in keinem ausgewogenen Verhältnis zueinander. Harter Wettbewerb findet im Kunstmarkt auf *jeder* Ebene statt – auch Kunstmessen können dabei auf der Strecke bleiben, wie sich 2011 in Berlin mit der Absage des Art Forum gezeigt hat.

II. Kulturwirtschaftliche Rahmenbedingungen der Galeriearbeit

Tausende von Ausstellungen können jährlich in Galerien *kostenlos* besichtigt werden. Größere Städte profitieren von den Synergien der kollektiven Eröffnungsevents, die sich „Saisonstart" oder „Gallery Weekend" nennen und die zahllose Besucher zu einem Besichtigungsmarathon mobilisieren. Galerien wirken an ihren Standorten und darüber hinaus an der Dynamik der Kreativwirtschaft entscheidend mit. Das erfordert eine Anerkennung, die sich in Form einer speziell auf Galeriearbeit bezogenen Förderung manifestieren sollte. Denn die wirtschaftliche Realität der Galerien steht im Schatten einer primär an Hochpreisen orientierten medialen Vermittlung des Kunstmarktes.

Vor allem junge und weniger etablierte Galerien führen nicht selten einen anhaltenden Überlebenskampf. Nach den Erkenntnissen einer unabhängigen Studie[5] über den Berliner Kunstmarkt mit seinen rund 400 Galerien erzielt

4 *Nicole Hackert* (Galerie Contemporary Fine Art, Berlin) in: Berlin Biennale Zeitung, September 2011, S. 18.

5 Studio Berlin, Hrsg. Institut für Strategieentwicklung (IFSE) Juni 2010, S. 19.

„die Hälfte aller Galerien einen Umsatz unter 50.000 Euro, bei einem Drittel von allen liegt der Umsatz unter 17.500 Euro. Insgesamt erzielen 50 Prozent und damit mehr als 200 Galerien zusammen weniger als fünf Millionen Euro Umsatz."

Das bedeutet im Durchschnitt: 25.000 Euro pro Jahr. Nach Abzug der Betriebskosten und Provisionszahlungen an die Künstler bleibt solchen Galerien also kaum etwas übrig.

Wie aber sieht es mit der Integration der Galerien im Kontext der Wirtschafts- und Kulturförderung aus? Eher suboptimal.[6] Im Vergleich zur Förderung der Filmwirtschaft, die dem Bundesbeauftragten für Kultur und Medien satte 91 Millionen Euro wert ist,[7] erübrigt der Etat der Bundeskunstsammlung lediglich eine knappe halbe Million Euro für Ankäufe bei Galerien. Zwei weitere Beispiele führen die Defizite direkter Kunstmarktförderung vor Augen:

Erstens: Das Auslandsmesseprogramm des Bundeswirtschaftsministeriums ist eine effektive Maßnahme zur Platzierung deutscher Unternehmen auf den Weltmärkten. Jedoch ist der Bürokratie nicht klar zu machen, dass deutsche Galerien *nicht* ausschließlich deutsche Künstler repräsentieren und Veranstalter von internationalen Kunstmessen *nicht* wahllos jeden Bewerber zulassen sowie *keine* an Nationalitäten ausgerichtete Ausstellerplatzierung vornehmen. Aus all diesen Gründen fällt Auslands*kunstmesse*förderung komplett durchs Raster – ungeachtet der Tatsache, dass auch für mittelständische Galerien die Teilnahme an Kunstmessen, die sich am internationalen Horizont immer mehr ausbreiten (im Westen und verstärkt im Osten) notwendig und gewünscht ist.

Zweitens: Ein besonders gravierendes Beispiel für die wirtschaftliche Ausklammerung der Galerien und den völligen Verzicht auf ihren Sachverstand stellt der gesamte Komplex Kunst-am-Bau dar. Die Verpflichtung für Investitionen in Kunst-am-Bau-Objekte sind bei Bund und Ländern gesetzlich festgeschrieben (ein bis zwei Prozent der Baukosten). Ausschreibungen und Einladungen hierzu richten sich jedoch ausschließlich an bildende Künstler, die im Falle eines Zuschlags allerdings nicht selten auf die organisatorische Unterstützung ihres Galeristen zurückgreifen (für dessen Honorierung es keinerlei Rahmenbedingungen gibt). Die Vergabepraxis der öffentlichen Hand zielt also frontal an den Marktakteuren vorbei. Und in den Auswahlkommissionen, die von Architekten, Funktio-

Zu den höheren Umsätzen resümiert die Studie: Nur 150 Galerien erzielen einen Umsatz bis 500.000 Euro (bei einem Gesamtumsatz von etwa 30 Millionen Euro) und lediglich ca. 60 Galerien erzielen einen jährlichen Umsatz von über einer halben Million Euro (bei einem Gesamtumsatz von 60 Millionen Euro in dieser Gruppe).

6 Siehe hierzu auch: Klaus Gerrit Friese: Was sich alles ändern muss – Ein Plädoyer aus Galeristensicht. In: Politik und Kultur, Nr. 3, Mai-Juni 2011, S. 1 f.

7 Im Bund mit der Kultur – Kultur- und Medienpolitik der Bundesregierung. Hrsg. Presse- und Informationsamt der Bundesregierung, Berlin 2011, S. 34 f.

nären, Politikern und Designern okkupiert sind, sucht man Galeristen ebenfalls vergebens.

Diese Beispiele markieren Felder, auf denen der BVDG kulturpolitisch aktiv ist. Ziel ist die Kunstmarktkompatibilität der Wirtschaftsförderung und die Integration der Galerien bei den Entscheidungsprozessen für Kunstprojekte der öffentlichen Hand.

Abschließend zwei kurze Schlaglichter auf ein steuer- und ein sozialrechtliches Thema, die beide im kunstmarktpolitischen Diskurs eine Art Dauerbrennerstatus haben:

1. Steuerrecht: Ermäßigter Mehrwertsteuersatz für bildende Kunst

Im Verkaufspreis von Kunstwerken sind nur 7% Mehrwertsteuer enthalten – eine Begünstigung, die seit Anbeginn mit der Intention einer indirekten staatlichen Kunstförderung verbunden war. Wenn im (Halb-)Jahresrhythmus die Debatte über Sinn und Unsinn der unterschiedlichen Steuersätze aufflackert, dann steht regelmäßig auch die bildende Kunst in der Schusslinie.[8] Der Erhalt des ermäßigten Mehrwertsteuersatzes aber ist der große gemeinsame kulturpolitische Nenner der Interessenvertretungen des Handels *und* der bildenden Künstler.

Alle neueren technischen Medien – vor allem die Fotografie, der Siebdruck und die Videokunst – sind nicht begünstigt. Hier fiel das Steuerrecht schon frühzeitig hinter die Entwicklung der modernen Kunst zurück. In diversen Gerichtsverfahren vorgetragene inhaltliche Einwände prallten stets am Warenkatalog des Zolltarifs ab, an dem sich das Umsatzsteuergesetz orientiert.

Einen bitteren Kalauer mit Herzinfarktpotential birgt neuerdings eine EU-Verordnung, die seit Anfang 2011 gilt. Danach fallen Licht-Installationen und Licht-Objekte – also intellektuell und ästhetisch besonders avancierte Kunstwerke – unter die Kategorie „Wandleuchte". Das bedeutet: voller Mehrwertsteuersatz, 19 Prozent. Diese degradierende, steuerliche Aberkennung des Kunst-Status wird Persönlichkeiten wie James Turrell, Bruce Naumann, Olafur Eliason und vielen anderen Künstlern kaum zu vermitteln sein.

Und die Begründung?

8 Bericht des Bundesrechnungshofs über den ermäßigten Mehrwertsteuersatz. Drucksache des Deutschen Bundestags 17/2290 vom 28.06.2010 sowie Bundesministerium der Finanzen (Forschungsgutachten): Analyse und Bewertung der Strukturen von Regel- und ermäßigten Sätzen bei der Umsatzbesteuerung. Saarbrücken, September 2010.

> „Nicht die Installation selbst, sondern das Ergebnis ihrer Verwendung (der Lichteffekt), stellt ein Kunstwerk dar“.[9]

Die Sophistik dieses Satzes läßt einen förmlich im Dunkeln stehen – als wäre nicht jedes Kunstwerk ein Ergebnis oder eine Erscheinung der Art und Weise der Verwendung seiner Mittel!

Die groteske Lichtkunst-Verordnung wurde klammheimlich über die Köpfe der Kulturpolitiker hinweg installiert. Diese beschwören gerne ihr Engagement für den Erhalt der Steuerermäßigung für bildende Kunst. Doch wenn es ernst wird, wie in diesem Fall, folgt erstaunte Rat- und Reaktionslosigkeit. So führt der BVDG einen isolierten Kampf mit dem Finanzministerium und beruft sich auf eine EuGH-Entscheidung von 1985 über die soft sculptures von Claes Oldenburg, die in das deutsche Steuergesetz eingeflossen ist: Dass nämlich *Bildhauerkunst aus Stoffen aller Art* begünstigt sei.[10] Es sollte der obersten Finanzverwaltung klarzumachen sein, dass auch eine Glühbirne oder eine Neonröhre ein Element aus *Stoffen aller Art* ist. Und vielleicht wird sie auch verstehen, dass die künstlerische Form der Installation und des Objekts als Raumkunst historisch aus der Bildhauerei hervorgegangen ist.

2. Sozialrecht: Künstlersozialabgabe

In Deutschland genießen freischaffende Künstler im Gegensatz zu allen anderen selbständigen Berufsgruppen den Vorteil des Künstlersozialversicherungsgesetzes (KSVG). Ähnlich wie abhängig beschäftigte Angestellte zahlen sie nur die Hälfte der Beitragssätze zur Kranken-, Renten- und Pflegeversicherung.

Weitgehend unbekannt ist, dass sich die Künstlersozialkasse (KSK) nicht nur aus den Beiträgen der versicherten Künstler selbst und aus einem Bundeszuschuss speist. Nein, jeder „Vermarkter von künstlerischen und publizistischen Leistungen“ trägt hierzu ebenfalls bei (und zwar zu dreißig Prozent des Etats der KSK - in Zahlen: rund 160 Millionen Euro in 2011).

Das stellt sich konkret so dar: Verkauft ein Galerist ein Kunstwerk und zahlt er dem Urheber hierfür seinen Anteil (Provision) direkt aus, dann muss er zuzüglich zu dieser Zahlung knapp 4 Prozent „Verwerterabgabe“ an die Künstlersozialkasse entrichten. Galerien tragen auf diese Weise direkt zur sozialen Sicherung der Künstler bei.

9 Amtsblatt der Europäischen Union, Verordnung (EU) Nr. 731/2010 der Kommission vom 11. August 2010.

10 Siehe hierzu auch: Licht an, Steuern hoch – Interview mit Birgit Maria Sturm. Online unter:
http://www.artnet.de/magazine/interview-eu-hebt-mehrwertsteuersatz-fur-lichtkunst/.

Mit den relativ hohen Provisionszahlungen an Künstler (bis zu 50 Prozent eines Umsatzes) – nehmen Galerien eine absolute Sonderstellung im Kulturmarkt ein: Kein Verlag zahlt einem Autoren, kein Konzertveranstalter zahlt Musikern die Hälfte der erzielten Einnahmen. Entsprechend hoch ist die Summe, die Galerien an die Künstlersozialkasse abführen müssen.

Die mangelhafte Bekanntheit dieses Gesetzes hatte überdies die fatale Folge, das ausschließlich die Kreativwirtschat mit der Abgabelast zur Kasse gebeten wurde – nicht jedoch die sogenannte Realwirtschaft, deren Unternehmen ebenfalls kreative Dienstleistungen in Anspruch nehmen (– z.B. von Fotografen für Eigenwerbung, von Designern für die Gestaltung von Websites oder von Publizisten für Texte in Betriebszeitungen). Erst eine Novelle im Jahr 2007 und die Kooperation der Künstlersozialkasse mit der nicht zimperlichen Deutschen Rentenversicherung hat dazu geführt, dass nach jahrzehntelanger Partikularanwendung des Gesetzes nun alle regelmäßigen Nutzer bzw. Vermarkter kreativer Leistungen zur Kasse gebeten werden. Der Aufschrei diverser Unternehmerverbände und der bislang ahnungslosen Steuerberater konnte daran nichts ändern.

Die grundsätzliche Kritik am KSVG ist politisch inkorrekt und stößt gegen Mauern:

Erstens bei den Versicherten, die sich den Vorteil halber Beitragssätze erhalten wollen. Zweitens bei den Politikern, die unisono stets einen Schalmeiengesang auf das „in Europa einzigartige" Konzept anstimmen und beim Thema Wettbewerbsverzerrung nur mit den Schultern zucken. Drittens bei den Sozialrichtern, die mit ihren Entscheidungen regelmäßig für den Zustrom neuer Berufsgruppen und damit fortlaufend für neue Abgrenzungsprobleme sorgen, was langfristig – Prognose – zu einem Expansionskollaps der Künstlersozialkasse führen wird.

Ein schönes Beispiel für die Kettenreaktion der absurden Ausdehnung der Versichertenkreise: erst wurden die Werbegraphiker zugelassen; dann alle Fotografen von Werbeaufnahmen; dann die Hairstylisten, die für Fotostrecken arbeiten. Letzteres rief die Visagisten auf den Plan, die auf Gleichbehandlung mit den Friseurkollegen am Set pochten – und nun ebenfalls von der Künstlersozialkasse aufgenommen werden.

Dabei basiert das Künstlersozialversicherungsgesetz auf der widersprüchlichen Konstruktion, dass Künstler zwar den Status freischaffender selbständiger Unternehmer haben, *gleichzeitig* aber als „Quasi-Angestellte" ihrer Vermarkter oder Auftraggeber gelten. Einzig dieser virtuelle Trick einer Ineinssetzung von Selbständigkeit und Abhängigkeit legitimiert die Abgabepflicht der Vermarkter.

By the way: Kein Künstler würde sich im Rahmen seiner künstlerischen Arbeit als abhängig oder gar als Angestellter seines Galeristen definieren.

Immerhin erfüllt das KSVG seinen ursprünglichen Anspruch, einen Beitrag zur sozialen Sicherung der Künstler *in der Fläche* zu leisten. Das lässt sich vom

Folgerecht nicht behaupten, das – entgegen der gesetzgeberischen Intention – ausschließlich die erfolgreichen Künstler und deren Erben(!) belohnt.[11] Aber dieses Fass soll hier nicht mehr geöffnet werden.

11 *Andreas Johannes Wiesand* in: Politik und Kultur, Zeitung des Deutschen Kulturrats, Sept.-Okt. 2011, S. 8: „[E]s ist eine Illusion zu meinen, die beruflichen, sozialen und wirtschaftlichen Probleme in den Kulturberufen ließen sich über das Urheberrecht lösen, (...) es belohnt vielmehr die schon Erfolgreichen“ (hier sind in erster Linie Autoren gemeint). A.J. Wiesand war bis 2009 Leiter des Zentrums für Kulturforschung, Bonn.

Kunstvertrieb durch Kunstvereine?

*Anja Casser**

I. Einführung

Die Kunstvereine positionieren sich in der Regel eher als ein Gegenüber vom Kunstmarkt. Sie bieten Künstlerinnen und Künstlern einen Raum, deren Kunst nicht notwendigerweise marktgängig ist, sei es, weil die Künstlerinnen und Künstler noch am Anfang ihrer Karriere stehen, sei es weil sie mit spezifischen Formaten und Medien arbeiten, die auf dem Kunstmarkt oftmals schwer vermittelbar zu sein scheinen. Kunstvereine widmen sich mit ihren Programmen künstlerischen Praxen, die die klassischen Formatgrenzen bewusst hinterfragen und alternative Formen der Produktion und Distribution aufzeigen. Kunstvereine haben keine Sammlungen, sie kaufen und verkaufen keine Kunst. Nur einmal im Jahr sind sie in den Kreislauf von Produktion und Verkauf direkt eingebunden, wenn die alljährlichen Jahresgaben – Originale und Auflagenwerke – den Mitgliedern zum Kauf angeboten werden.

Kunstvereine sind somit schon aufgrund ihrer institutionellen Struktur in den Kreislauf des Kunstvertriebs nicht unmittelbar integriert. Und mittelbar? Lässt sich diese idealistische Vorstellung vom „Jenseits des Kunstmarktes" heute noch aufrechterhalten? Oder ist es nicht eher so, dass die Kunstvereine – ähnlich wie andere international agierende Ausstellungshäuser – die Kunst durch ihre Ausstellungen „adeln", den Wert durch ihre öffentlichen Präsentationen steigern oder die Arbeiten junger Künstlerinnen und Künstler erstmals für den Markt vorbereiten?

Um die Frage nach der Bedeutung der Kunstvereine im Kunstvertrieb zu diskutieren lohnt ein Blick in ihre Geschichte, die eine überraschend andere Rolle offenbart. In ihrer Gründungsphase haben die Kunstvereine erheblich zur Etablierung eines freien Kunstmarktes beigetragen, sie waren sogar wichtige Initiatoren dieses Prozesses.

* Anja Casser, Leiterin des Badischen Kunstvereins Karlsruhe e.V.

II. Kunstvereine – Geschichte und Funktion

1. Der Badische Kunstverein heute

Abb. 1: Fassade des Badischen Kunstvereins

Abb. 2: Foyer, Bodenskulptur von Susanne Winterling

Kunstvereine sind bürgerliche Vereine, deren älteste im 19. Jahrhundert gegründet wurden. Der Badische Kunstverein ist der zweitälteste Verein in Deutschland. Er wurde 1818 ins Leben gerufen, das Haus in der Waldstrasse wurde um 1900 gebaut (Abb. 1-2). Es bietet eine Ausstellungsfläche von ca. 1000 qm auf drei Ebenen. Im Durchschnitt werden jährlich 10 Einzel- und Gruppenausstellungen gezeigt (Abb. 3). Neben Ausstellungen junger zeitgenössischer Künstlerinnen und Künstler widmet sich das Programm auch immer wieder künstlerischen Positionen aus den 1960er bis 80er Jahren. Oftmals handelt es sich dabei um Künstlerinnen und Künstler, die aus unterschiedlichsten Gründen bis heute nicht die Aufmerksamkeit in Deutschland erhalten haben, die ihren Werken gebührt. So fand beispielsweise die erste Retrospektive der amerikanischen Landart-Künstlerin Nancy Holt in Europa im Badischen Kunstverein statt (Abb. 4). Der so genannte Waldstraßensaal wurde in der Anfangszeit des Kunstvereins zeitweise als Kunstgewerbesaal genutzt. Er steht den Ausstellungen im Obergeschoß zur Verfügung oder wird als eigener Ausstellungsraum für das Video- und Zeitschriftenarchiv genutzt. Dieses Archiv widmet sich Zeitschriften- und

Publikationsprojekten sowie Videoarbeiten, die nach der Präsentation in den Bestand der Bibliothek des Kunstvereins übergehen und öffentlich einsehbar sind.

Abb. 3: Ausstellungsansicht *A Different Person*, Gruppenausstellung 2011

Abb. 4: Ausstellungsansicht Nancy Holt, *Sightlines*, 2011

Der so genannte Lichthof als zweite Ausstellungsebene widmet sich Ausstellungen von Künstlerinnen und Künstlern, die ihre Arbeiten oftmals in einem engen

Bezug zum Raum entwickeln (Abb. 5). Der Gewölbekeller ist der älteste Teil des Kunstvereins. Ein Grundstein in diesem Raum besagt, dass hier ursprünglich einmal eine Bäckerei existierte, die 1835 errichtete wurde (Abb. 6).

Abb. 5: Ausstellungsansicht Lichthof, Ana Roldán, *Forms of Contemplation, Ideal Forms in Compositions*, 2011

Abb. 6: Ausstellungsansicht Gewölbekeller, Lutz Fezer und Daphne Walch, 2009

2. Kunstvereine im Vormärz

Die Etablierung der Kunstvereine ist ein wichtiges Beispiel für eine gesamtgesellschaftliche bürgerliche Emanzipation im 19. Jahrhundert. Das aufstrebende Bürgertum wollte die Beschäftigung mit der bildenden Kunst nicht mehr nur dem Adel und dem Klerus überlassen: Es entstanden neue Räume der Kunst, in denen sich eine neue Bürgerelite versammeln und intellektuell austauschen konnte (Abb.7). Die zeitgenössische Kunst stand von Anfang an im Zentrum dieser bürgerlichen Initiativen. Kunst, die damals zeitgenössisch und aktuell war und die für uns heute zum festen Repertoire der Kunstgeschichte gehört, wurde oftmals in diesen Vereinen zum ersten Mal präsentiert und fand von hier aus ihren Weg in die Kunststädte der Welt.

Von Beginn an ging es den Kunstvereinen aber nicht nur um eine Präsentation von Kunst, sondern vor allem auch um eine Diskussion über Kunst. Die Salonkultur war hier Vorreiter dieser Idee eines diskursiven Raumes, der auch heute noch eine wichtige Säule der Kunstvereinsarbeit ist.

Abb. 7: Historische Ausstellungsansicht des Badischen Kunstvereins, um 1900

Die Gründungen der Kunstvereine sind beispielhaft für die zahlreichen Vereinsgründungen in der Zeit des Vormärz im 19. Jahrhundert. In diesen Vereinen konnte sich eine bürgerliche Öffentlichkeit erstmals etablieren – abseits der absolutistischen und ständischen Lebensformen. Die Vereine des Vormärz verfolgten in diesem Sinn ein demokratisches und humanistisches Ideal, waren in ihren Zielen aber durchaus nicht zweckfrei. Wolfgang Kaschuba untersucht in seinem aufschlussreichen Artikel über die Kunstvereine und Kunstideale nach 1800 den frühbürgerlichen Kunstbetrieb und beleuchtet kritisch den Mythos eines Antagonismus zwischen bürgerlicher Kunst-Öffentlichkeit und Ökonomie am Anfang des 19. Jahrhunderts.[1] Walter Grasskamp stellt in seinem Buch *Die unbewältigte Moderne, Kunst und Öffentlichkeit* die These auf, dass die Geschichte der Kunstvereine auch als die Entwicklung einer rigorosen Vermarktung zeitgenössischer Kunst verstanden werden kann.[2]

Verschiedene Eckpunkte in der Geschichte der Kunstvereine im Allgemeinen und des Badischen Kunstvereins im Speziellen sind für diese Argumentationen aufschlussreich.

3. Der Kunstverein als Netzwerk

Auch wenn sich der bürgerliche Verein einer sozialen Öffnung verschrieb und diese auch offensiv vorantrieb, war seine Struktur als private Vereinigung gleichsam exklusiv und elitär. Kaschuba erläutert in seinem Text, warum die idealistische Vorstellung vom „kunstinteressierten Bürger als dem bescheidenen Mäzen und Aufklärer der Gesellschaft"[3] und dem Kunstverein als zweckfreier Raum zu einseitig ist. Stattdessen, so Kaschuba, fand sich in den Vereinen eine Gruppe Gleichgesinnter, die ihre materiellen und sozialen Ziele und Funktionen zu verteidigen wussten. Einerseits befanden sich die neuen Bürger in einer starken Konkurrenz zum Adel und schafften sich mit den Mitteln der Kunst ihre eigene Identität. Andererseits diente der intellektuelle Gestus einer Beschäftigung mit Kunst auch als geeignete Möglichkeit der Abgrenzung nach unten zur gewerblichen Mittelschicht.

Mit der Kunst ging es den Vereinen weniger um Besitz, als um Kennerschaft. Kunst wurde zum Aushängeschild für Bildung, Geschmack und Lebensstil. Die Kunstliebhaber – Rechtsanwälte, Ärzte, Unternehmer, Beamte – trafen sich hier mit Künstlern und Literaten, es wurden Netzwerke geknüpft, Aufträge vermittelt, Künstler empfohlen. Jedes Mitglied hatte Teil an diesem Netzwerk und Kunst trifft auf Technik, Kapital und Markt. Nicht nur durch die Organisation einer institutionellen Struktur, sondern auch durch die Herkunft und Interessen ihrer Mitglieder entsteht hier ein Raum, in dem durch eine erfolgreiche Vermittlung

1 *Wolfgang Kaschuba*, Kunst als symbolisches Kapital. Bürgerliche Kunstvereine und Kunstideale nach 1800 oder: Vom realen Nutzen idealer Bilder, in: *Peter Gerlach* (Hg.), Vom realen Nutzen idealer Bilder, Kunstmarkt und Kunstvereine, Aachen 1994.

2 *Walter Grasskamp*, Die unbewältigte Moderne. Kunst und Öffentlichkeit, München 1989, S. 38.

3 *Wolfgang Kaschuba* (N. 1), S. 10.

von Kunst auch Geld verdient werden konnte, in dem aber vor allem das soziale und kulturelle Kapital kontinuierlich gesteigert wurde. Nicht selten entstanden in diesen „Thinktanks der Kunstvereine“ auch größere und weitreichendere Kunstprojekte als die eigenen Vereinsräume sie ermöglichen konnten. So organisierte der Kunstverein für die Rheinlande und Westfalen beispielweise umfangreiche Kunstprojekte im öffentlichen Raum oder die Kunstvereine stifteten Kunst für öffentliche Sammlungen (was zu den Kunsthallen in Hamburg, Bremen oder Kiel führte). In Karlsruhe existierte bereits eine großherzogliche öffentliche Sammlung, so dass sich das Haus von Anfang an fast ausschließlich auf Werke zeitgenössischer Kunst konzentrieren konnte.[4] Kaschuba beschreibt die Entwicklung der Kunstvereine in dieser Zeit wie folgt: „Im Blick auf die ökonomische Seite, auf die Entwicklung des Kunstmarktes markiert die Gründungsphase der Kunstvereine gewissermaßen den Übergang von der noch dilettantischen AG Kunst zur kommerziellen Kunst GmbH.[5]

Im Badischen Kunstverein gestaltete sich die Struktur des Vereins etwas anders, verfolgte aber die gleichen, nach gesellschaftlicher Anerkennung orientierten Ziele.

Der Karlsruher Kunstverein stand seit seiner Gründung unter großherzoglichem Protektorat. Im Jahr 1900 finanzierte der Großherzog Friedrich I. von Baden dem Kunstverein das eigene Haus. Die Unabhängigkeit des bürgerlichen Vereins war in Karlsruhe begrenzt, die Mitsprache des Großherzogtums beachtlich: So verfügte der Großherzog beispielsweise, dass das neue Kunstvereinsgebäude durch seinen Hofarchitekten Friedrich Ratzel gebaut werden sollte und nicht durch das in einem Wettbewerb unter den Architektenmitgliedern als Sieger hervorgegangene Architekturbüro Curjel & Moser.[6] Die repräsentative Inschrift am Gebäude des Kunstvereins sollte kurz lauten: „Badischer Kunst Verein“ und wurde auf Verlangen des Großherzogs umgewandelt in: *Dem Badischen Kunstverein errichtet Großherzog Friedrich I.*[7] Die Beteiligung fürstlicher Mitglieder im Kunstverein war groß, 6% der Gründungsmitglieder gehörten dem Adel an. Wie sich so eine illustre Liebhaberrunde im Kunstverein gestaltete und wer sich zu einem heiteren Kunstgenuss versammelte, sehen wir hier in einer Zeichnung von Friedrich Mosbrugger (Abb.8),

4 *Jutta Dresch / Wilfried Rößling*, Bilder im Zirkel, in: dieselb. (Hg.) Bilder im Zirkel, 175 Jahre Badischer Kunstverein Karlsruhe, Karlsruhe 1993, S. 15.

5 *Wolfgang Kaschuba* (N. 1), S. 20.

6 *Wilfried Rößling*, Bericht über den Bestand und die Wirksamkeit des Rheinischen und Badischen Kunstvereins, in: *Jutta Dresch / Wilfried Rößling* (N. 4), S. 44.

7 *Eva-Maria Froitzheim*, Kunstförderung im 19. Jahrhundert: badischer Kunstverein und Karlsruher Kunsthalle im Spannungsfeld Großherzoglicher Kunstpolitik, in: *Jutta Dresch/ Wilfried Rößling* (N. 4), S. 125.

Abb. 8: Friedrich Mosbrugger, Szene aus dem Badischen Kunstverein, undatiert (Friedrich Mosbrugger, 1804 - 1830)

auf dessen Rückseite ein früherer Besitzer folgendes notierte:

> „Szene aus der Karlsruher Vergangenheit des Kunstvereins. Die beiden Persönlichkeiten im Rücken des Puplikums sind Hauptmann und Adjudant von Röder. Ein strebsamer Offizier, später General, und mit einem Fräulein von Bauer verheirathet, spielt auf dem Bilde den Liebenswürdigen gegenüber Fräulein von Biedeneld, ein Blaustrumpf und exaltierte Kunstliebhaberin, eine Freundin des Malers Mosbrugger, Verfertiger dieses kleinen Bildes. Diese vermählte sich mit Oberbaurath Eisenlohr, einem talentvollen Architekten, als ihr später erklärter Bräutigam Mosbrugger in Petersburg gestorben war. Unmittelbar vor dem Bilde, welches ausgestellt ist, sitzt Gallerie Direktor Bader in der selbstbewussten Haltung, neben demselben Partikulier Papst; dem man nachsagte, das er Sclavenhändler in Afrika gewesen sey, und damit sich ein Vermögen erworben habe. Zu seiner rechten Seite ein pensionierter Hauptmann von Fischen, einen kleinen Jungen bei sich, und zu dessen Seite junge Künstler und anderes Puplikum. Der Maler Mosbrugger hält die Hand an das Kin. Von den genannten Personen lebt nur noch Frau Oberbaurath Eisenlohr, geborene von Biedenfeld.“[8]

8 Abbildung und Bildunterschrift in: *Jutta Dresch / Wilfried Rößling* (N. 4), 48.

III. Kunstausstellung und Markt

1. Kunst- und Industrieausstellung

Die Verbindung von Kunst, Technik, Kapital und Markt verdeutlichte sich nicht nur in der Zusammensetzung der Mitgliederstruktur im Kunstverein, sondern auch durch das Ausstellungsprogramm. So wurde der Badische Kunstverein beispielweise bereits drei Jahre nach seiner Gründung in einen Kunst- und Industrieverein umbenannt. Es wurden neben Kunst- auch Industrieausstellungen veranstaltet sowie Werke der Kunst und des Kunsthandwerks gemeinsam präsentiert und auch verkauft.[9] Dieses Zusammengehen von Kunst und Gewerbe diente außerdem der Schulung eines ästhetischen Empfindens, denn dem neuen Bürgertum musste erst einmal vermittelt werden, wie sich die Kunst in ihrem häuslichen Umfeld und im Kontext von Industrie und Gewerbe ausnahm. Vorher war der Besitz von Kunst ausschließlich auf die repräsentativen Räume des höfischen Lebens beschränkt, jetzt zog sie ein in die Privatgemächer der aufstrebenden Bürgerschaft. Der Waldstraßensaal des Badischen Kunstvereins als ehemaliger Kunstgewerbesaal verdeutlicht diese Inszenierung privaträumlicher Verhältnisse in einem öffentlichen Umfeld (Abb. 9 – 10):

9 *Andreas Vowinckel*, Ausstellungen in Kunstvereinen. Spezifische Formen und Charakteristika im Spannungsfeld regionaler, überregionaler und internationaler Konkurrenz, in: *Peter Gerlach* (N. 1), S. 47.

Abb. 9: Historische Ansicht des ehemaligen Kunstgewerbesaals, heute Waldstraßensaal, um 1900

Abb. 10: Der Waldstraßensaal heute, Ausstellungsansicht Susanne Winterling, *Hall of Fame*, 2010

2. Aktiengesellschaft und Losverein

In enger Verbindung mit dieser kommerziellen Zielrichtung der Industrieausstellungen steht auch die sogenannte „Ständige Ausstellung", die viele Kunstvereine – so auch der Badische – in den ersten Jahrzehnten nach ihrer Gründung fast ausschließlich durchgeführt haben. Künstler der Region wurden ausgewählt, um ihre Arbeiten ganzjährig zu zeigen und zu verkaufen. Um aus diesen Ausstellungen Werke zu erwerben, mussten Aktien oder Anteilscheine erworben werden, mit denen die Mitglieder an einer alljährlich durchgeführten Verlosung von Kunstwerken teilnehmen konnten. Ihrer Satzung nach waren viele Kunstvereine direkt als Aktiengesellschaften und Losvereine ausgewiesen.[10] Das aus den Aktien resultierende Kapital wurde für den Ankauf von Kunstwerken genutzt, die ausgestellt wurden und dann wiederum per Losverfahren an die Mitglieder gingen. So wurde den Mitgliedern der Erwerb von Kunstwerken ermöglicht und die hohen Preise für Kunst – verursacht durch das Ankaufsmonopol von Adel und Hof – unterwandert. Diese Idee der Tombola steht aber auch – so Grasskamp – paradigmatisch für eine Unsicherheit des neuen Bürgertums und seiner Verantwortung für die Kunst. Statt seinem eigenen Geschmack oder Kunsturteil zu trauen, sollte lieber das Los entscheiden. So entstand ein neuer Kunstmarkt, der sich aber zuerst nicht auf Profit und Gewinnmaximierung stützte, sondern auf ein Spiel, das bei einer Niete im Losverfahren dazu führte, dass der Investor keine Gegengabe für seinen Einsatz bekam, sondern dann als reiner Wohltäter oder Kunstmäzen hervortrat. Es sollte ein neuer und „freier Markt" etabliert werden, auf den die Kunstvereine einen entscheidenden Einfluss hatten und sich auch einer entsprechender Kritik ausgesetzt sahen. Das Los verunmöglichte den Künstlerinnen und Künstlern ihre Kunst gegenüber den Käufern direkt zu vermitteln und die Gewinner konnten ihrerseits nicht bestimmen, welche Kunst sie in Zukunft besitzen würden.

Die Situation der Künstlerinnen und Künstler wurde durch diese Praxis grundsätzlich verändert: Nicht mehr die Aufträge des Adels garantierten den Lebensunterhalt, sondern ihre Kunst musste über das Format der Kunstausstellungen an ihr Publikum gelangen und den neuen Kunstmarkt bedienen. Gleichzeitig förderte dieser neue Kunstmarkt aber auch nichtakademische Künstler oder noch nicht marktfähige Kunst. Christoph Behnkes Blick auf die aktuelle Situation der Kunstvereine ist in diesem Kontext interessant: Die notwendige Gabe, die den Kunstvereinen die Ausstellung nicht marktfähiger Kunst ermöglicht, kommt heute nicht mehr durch die Aktienkäufe ihrer Mitglieder, sondern durch den Staat.

10 *Christoph Behnke*, Zur Gründungsgeschichte deutscher Kunstvereine, in: *Bernd Milla* / *Heike Munder* (Hg.), Tatort Kunstverein, Verlag für moderne Kunst Nürnberg 2001, S. 11 – 22.

Der symbolische Tausch hat „in der Staatssubvention eine institutionalisierte Form gefunden.“[11] Dieser symbolische Tausch zwischen Gesellschaft und Kunst ist zunehmend gefährdet. Auch die Kunstvereine müssen sich immer mehr über Besucherzahlen und Mitgliederstatistiken definieren und sehen sich mit Forderungen neuer Finanzierungsmodelle konfrontiert. Doch hätte der Verlust einer städtischen oder staatlichen Subventionierung zur Folge, dass sich auch das Programm der Kunstvereine grundlegend ändern und sich wesentlich stärker nach populären Gesichtspunkten richten müsste.

3. Mitgliederausstellung und Jahresgaben

Statt sich durch Aktien eine Mitgliedschaft zu erwerben, leisten die Mitglieder der Kunstvereine heute einen alljährlichen Mitgliedsbeitrag (im Badischen Kunstverein 55 Euro im Jahr), der nur einen geringen Anteil an der Deckung der laufenden Kosten übernimmt. Der Badische Kunstverein hat zur Zeit 1300 Mitglieder. Die Idee einer Ständigen Ausstellung und der „künstlerischen Gabe“ für die Mitglieder lässt sich noch heute in den Formaten der Mitgliederausstellung und Jahresgaben erahnen – wenn auch mit gänzlich anderen Vorzeichen. So werden für die Mitgliederausstellung (Abb. 11) einmal im Jahr alle Künstlermitglieder des Badischen Kunstvereins eingeladen, Arbeiten einzureichen und im ganzen Haus auszustellen. Diese Arbeiten können käuflich erworben werden, wobei der Erlös den Künstlerinnen und Künstlern sowie dem Kunstverein zu Gute kommt.

11 *Christoph Behnke* (N. 10), S. 21.

Abb. 11: Ansicht Mitgliederausstellung, 2010

Gleichzeitig mit der Mitgliederausstellung präsentiert der Kunstverein alljährlich die so genannten Jahresgaben. Künstlerinnen und Künstler aus dem jeweiligen Ausstellungsjahr reichen Editionen oder Originale ein, die ebenso zum Verkauf angeboten werden. Diese Jahresgaben können nur von Mitgliedern des Kunstvereins erworben werden (Abb. 12). Jahresgaben waren auch im 19. Jahrhundert üblich, allerdings erhielten die Mitglieder diese Gabe vom Verein kostenlos. 1832 übergab der Badische Kunstverein seinen Mitgliedern die erste Vereinsgabe. Ab diesem Zeitpunkt erhielten die Mitglieder jedes Jahr eine Gabe, bei der es sich meistens um eine graphische Reproduktion von Gemälden handelte.[12]

12 *Ines Koch*, Die Jahresgaben des Badischen Kunstvereins im 19. Jahrhundert, in: *Jutta Dresch / Wilfried Rößling* (N. 4), S. 81.

Abb. 12: Ausstellungsansicht Jahresgaben, 2010

4. Bilder auf Reisen

Für Walter Grasskamp ist die zunehmende Mobilität der Kunstwerke im 19. Jahrhundert mit der Entwicklung eines modernen Kunstmarktes unmittelbar verknüpft. Während im 18. Jahrhundert die Grand Tour die Bildungshungrigen auf Reisen zu den Kunstwerken dieser Welt schickte, bewegten sich im 19. Jahrhundert die Bilder in Wander- oder Wechselausstellung selbst zu den Orten ihres Publikums. Ein entscheidender Motor für die Mobilität der Kunstwerke sieht Grasskamp in der Praxis der deutschen Kunstvereine, die „systematisch und ausgreifend die Zirkulation der Kunst zu organisieren begannen“.[13] Um einen mög-

13 *Walter Grasskamp* (N. 2), S. 8.

lichst großräumigen Markt zu gewährleisten war die Bewegung der Kunst essentiell. Um diese Bewegung noch zusätzlich zu fördern, schlossen sich Kunstvereine verschiedener Städte zu Ausstellungsverbänden zusammen, wie Karlsruhe, Mainz, Darmstadt, Mannheim und Straßburg im Jahr 1836 zum Rheinischen Kunstverein. Wanderausstellungen wurden organisiert, in denen die in jedem Landesteil gesammelten Werke in einer gemeinsamen Ausstellung zusammengefügt und in den einzelnen Kunstvereinen präsentiert und verkauft wurden. Diese Wander- oder Turnusausstellungen ermöglichten einem größeren Besucher- und Käuferkreis den Zugang zu den aktuellen Werken, außerdem konnten Kosten der Verschickung und Versicherung geteilt werden – eine sehr fortschrittliche Form der Kooperation, deren hoher Aufwand an Organisation und Durchführung zu bewundern ist. So wurde der Transport der Kunstwerke zunächst mit Pferdekutschen, später dann mir Eisenbahnwagons durchgeführt.[14] Es wurde nicht mehr nur vor Ort Kunst angekauft oder Aufträge an ortansässige Künstler verteilt, die Bilder selbst traten eine Reise an, um ihre Käufer zu finden.

VI. Fazit

Der Blick auf die Gründungsgeschichte der Kunstvereine hat gezeigt, wie eng deren Entwicklung mit einer Kommerzialisierung der Kunst verbunden ist, ja wie die Praxis der Kunstvereine in ihrer frühen Phase die Entstehung eines Kunstmarktes überhaupt erst initiierte. Das aufklärerische Ideal einer bürgerlichen zweckfreien Bildung und Erhebung durch Kunst und Kultur schien am Anfang des 19. Jahrhunderts einem unbändigen Drang zur Aneignung und Kommerzialisierung von Kunst gewichen und entspricht den Interessen eines neureichen Bürgertums, das sich nicht mehr in geselliger Konversation, sondern in Wettbewerb und Marktwerten übt.

Und heute? In der heutigen Ausstellungspraxis der Kunstvereine spielt der Verkauf von Kunst eine geringe Rolle und schlägt sich höchstens in der alljährlichen Mitglieder- und Jahresausstellung oder der Veräußerung vereinzelter Editionen im Kontext von Ausstellungen nieder. Aber auch wenn die heutigen Kunstvereine in ihrer offenen Struktur und ihrem wechselnden Ausstellungsprogrammen in relativer Unabhängigkeit zum Markt operieren, so sind auch sie in den Kreislauf von Kunstbetrieb und Kunstmarkt implizit eingebunden. Ausstellungen dienen der Bekanntmachung und Verbreitung von Kunst und die Institution

14 Zur Struktur und Organisation der Turnusausstellungen des Rheinischen Kunstvereins siehe *Jutta Dresch*, Bilder auf Reisen. Zu Organisation der Kunstvereinsausstellungen bis um 1860, in: *Jutta Dresch / Wilfried Rößling* (N. 4), S. 50 ff.

strebt nach Anerkennung und Reputation für ihr Programm und bedient sich der gängigen Strategien des Marketings und der Öffentlichkeitsarbeit, um am internationalen Kunstgeschehen teilzunehmen. Dass die Kunst hier weniger in Zahlen gemessen, aber durchaus als symbolisches Kapital fungiert – das sich ja wiederum mit dem geldwerten Kapital eng verknüpft – begleitet die Entstehung und Entwicklung der Kunstvereine[15]. Gleichzeitig und vor allem sind die Kunstvereine aber eine wichtige Plattform für einen spekulativen, streitbaren und risikofreudigen Umgang mit aktueller Kunst, den es in dieser Form unbedingt zu erhalten gilt.

Abb. 13: Video- und Zeitschriftenarchiv Disobedience. Ein Videoarchiv zum zivilen Ungehorsam, 2008

15 Vgl. *Wolfgang Kaschuba* (N. 1), S. 9 – 20.

Die Spaltung von Kunstwerken aus rechtlicher Sicht

Bruno Glaus[*]

I. Einleitung

Die Rückseiten von Gemälden und Aquarellen sind bisweilen bemalt, zum Teil als voll ausgefertigte Werke, z.T. als Etuden, Skizzen, Verworfenes, Gestrichenes, Übermaltes. Anders als bei Leinwänden kann das Material Karton, ja teilweise auch Papier, relativ einfach in zwei Schichten getrennt werden – aus einem Bild mit bemalter Vorder- und Rückseite werden zwei Bilder mit je bemalter Vorderseite und unbemalter Rückseite. Bis in die 70-er erfreute sich die Bildträgerspaltung im Umfeld des Kunsthandels einiger Beliebtheit. In der einschlägigen Literatur dazu werden u.a. Beispiele von nachträglich gespaltenen Werken von Paul Klee und Otto Morach aufgeführt. Gerechtfertigt wurden solche Eingriffe bisweilen mit dem wissenschaftlichen Wert des Fragmentarischen als Zeichen früherer Grösse eines Kunstschaffenden und deren Bedeutung für neue Interpretationen in der jeweiligen Gegenwart[1].

Für einen Sammler mag es aber allein aus wirtschaftlichen Gründen verlockend sein, aus einem Werk zwei zu machen. Von der Spaltung des Bildträgers sind Teilungs- und Zerstückelungsprozesse zu unterscheiden, bei welchen ein

* Rechtsanwalt Dr.iur. Bruno Glaus arbeitete nach dem Studium an den Universitäten Lausanne und Zürich als Jurist in der Medienbranche (TAT, Tages-Anzeiger, Südostschweiz) und gründete in den 90er Jahren die Anwaltskanzlei Glaus & Partner Rechtsanwälte in Uznach (CH). Er betreut die Schwerpunkte Medien-, Kunst- und Wirtschaftsrecht. In den letzten 15 Jahren publizierte er u.a. „Das Recht am eigenen Wort“, „Medien-, Marketing- und Werberecht“, „Kunstrecht“ (mit Co-Autor Peter Studer), „Läufer, Mietmaul, König“ (Anwaltsporträts, zusammen mit Co-Autor Karl Lüönd) und zahlreiche Fachbeiträge und Gutachten zum Thema Kunstrecht und Persönlichkeitsschutz (siehe dazu www.glaus.com). In seinen Spezialgebieten ist er Dozent an Fachhochschulen und Universitäten (Hochschule für Wirtschaft Zürich, zhaw Winterthur und Universität St. Gallen).

1 *Nathalie Bäschlin*, Alexej Jawlenskys Grüner Reiter – ein Kommentar aus restaurationsethischer Sicht, in Band 3 der Reihe Bild und Wissenschaft, Forschungsbeiträge zu Leben und Werk Alexej von Jawlenskys, Locarno 2009, S. 193 - 198 (nachfolgend: RBW Jawlensky).

Werk oder eine konzeptionell zusammengängende Werkgruppe in mehrere Teile „gespalten“ wird:

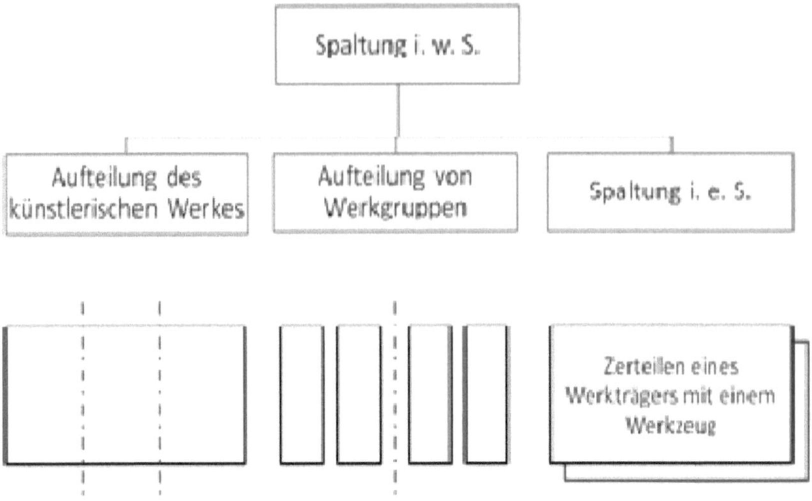

Es stellen sich bei allen Teilungs- und Spaltungsvorgängen eine Reihe von urheber- und urheberpersönlichkeitsrechtlichen Fragen, von der Frage der Zulässigkeit der physischen oder konzeptionellen Spaltung bis hin zur Frage, ob die Käufer der abgespaltenen Teile Anspruch auf Aufnahme in das Werkverzeichnis des jeweiligen Künstlers haben oder zumindest Anspruch auf eine Erklärung der Nachlassverwalter, dass die Rückseite dem Künstler zugeschrieben wird?

In diesem Exposé wird der Fokus auf die Bildträgerspaltung gelegt, nur am Rande erwähnt wird die Spaltung von konzeptionell geprägten in sich zusammengehörigen Werkteilen insbesondere bei ortspezifisch konzipierter Kunst am Bau[2] und das Aufteilen von in sich zusammenhängen mehrteiligen Fotoarbeiten usw. Nicht Gegenstand dieser Untersuchung sind die digitalen Spaltungsprozesse, die ein „grenzenloses Auseinandernehmen und Aufteilen von geschützten Werken“ möglich machen[3], Formen der Appropriation Art[4] sowie Stückelungen und Teilungen im Zusammenhang mit geschützten Kulturgütern (z.B. Fragmenthandel im Antiquitäten-Handel).

2 *Bruno Glaus*, in: *Johannes M. Hedinger / Marcus Gossolt* (Hrsg), Kunst, öffentlicher Raum, Identität, Mocmoc, das ungeliebte Denkmal, Sulgen/Zürich 2004, S. 228 ff.

3 *Werner Stauffacher*, Digitales Herauslösen und Aufteilen, in RBW Jawlensky, S. 176 f.

4 *Anna Blume Huttenlauch*, Transformation durch Aneignung als Herausforderung des Urheberrechts, in RBW Jawlensky S. 191 f.

II. Beispiele aus der Praxis

Die Thematik der physischen Spaltung sei anhand einiger Beispiele aus den letzten Jahrzehnten illustriert:

- Das monumentale sakrale Mosaik des 1989 verstorbenen Schweizer Künstlers Jost Blöchliger in einer Kapelle des Ostschweizer Kurhauses Oberwaid musste 2009 einem Neubau weichen[5]. Abbruch und Zerstörung oder Abbruch und Weiterverwendung – in Teilen oder als ganzes – das war die Frage? Schliesslich einigte man sich mit den Erben, das Werk an anderer Stelle wieder aufzubauen. Was bisher nicht gelang. In Einzelteile zerlegt wird das Werk gelagert.

(© Bilder: Hans-Ulrich Blöchliger)

- Der Bauhausmeister Oskar Schlemmer (1888-1943) hatte 1940 in einem Privathaus eine Auftragsarbeit mit dem Titel „Familie" gemalt, ein Wandbild in der Größe 2.55 x 4.15 m. Die Eigentümer wollten im Jahre 1995 das Haus ab-brechen, das Bild aber vorher von der Wand abtragen (herausfräsen) und auf einem Aluminiumgerüst stabilisieren. Die Vorderseite wurde mit einer Latex-Schicht geschützt, um Risse im Putz zu verhindern. Das Bild sollte in einer Galerie ausgestellt werden - das Beispiel findet sich in der deutschen „Fallsammlung zum Urheberrecht".[6]
- Auch Künstler selbst spalten bisweilen ihre Werke[7]. Neben Jawlenskys Liste „Zu Trennende" ist bekanntestes Beispiel die ursprünglich ungeteilte Lein-

5 *Bruno Glaus*, Die Spaltung von Werken und die Veränderung im Kontext, in RBW Jawlensky, S.171.

6 *Artur Wandtke/Winfried Bullinger*, Fallsammlung zum Urheberrecht, Weinheim 1999, S.106 (zit. Wandtke/Bullinger). Weitere Beispiele bei *Haimo Schack*, Kunst und Recht, Köln-Berlin-München 2004, S.102ff. (zit. Schack)

7 *Angelica Jawlensky Bianconi*, Zur Spaltung der Kartonbildträger Alexej von Jawlenskys, in RBW Jawlensky, S. 145, betreffend die Liste „Zu Trennende".

wand „Reichshoffen“ von Edouard Manet. Es ist erwiesen, dass der Künstler nach diversen Eingriffen an einer grossen Komposition die Leinwand zerschnitt und die Formate änderte, bis schliesslich die beiden Werke entstanden, die wir heute unter den Titeln „Au Café“ und „Coin de café-concert“ kennen und die erst 2005 anlässlich einer Ausstellung erstmals wieder nach 125 Jahren zusammengeführt wurden.[8]

- Das aktuellste und breit besprochene Beispiel betrifft die Arbeit am Catalogue Raisonnée der Alexej von Jawlensky-Archiv AG in Locarno. Dem Archiv wurde eine abgespaltene und freigelegte Rückseite zur Aufnahme ins Werkverzeichnis vorgelegt. Das Stillleben „Teller mit Äpfeln“ (*siehe Abb.1*) ist links unten signiert und datiert: „A.Jawlensky 32“. Die Rückseite von „Teller mit Äpfeln“ war bis 2005 mit einem grauen Anstrich und Signatur und handschriftlichem Vorderseite-Titel versehen (*Abb.2*). 2005 ließ die private Eigentümerschaft auf der Rückseite die vom Künstler stammende, aber allem Anschein nach verworfene Komposition restauratorisch freilegen (*Abb.3*). Bei diesem restauratorischen Akt kam das Fragment eines ursprünglich grösseren Werkes hervor. Ein neues Bild war auf dem Markt. In einem zweiten Schritt wurde die Rückseite vom früheren Eigentümer ohne Einwilligung der Rechtsnachfolger Jawlenskys abgetrennt, gerahmt und verkauft. Beide nun mehr dünneren Kartonschichten wurden mit neuen Bildträgern verstärkt[9]. Nach der wissenschaftlichen Untersuchung im Jawlensky-Archiv in Locarno erhielt das Apfelstilleben in der Folge den Zusatz r (für recto) zur Katalognummer 2257, die Rückseite den Zusatz v (für verso) zur gleichen Katalognummer 2257. Auch die Rückseite wurde somit in das Werkverzeichnis aufgenommen, mit dem Vermerk „Fragment“ und „ohne Titel“ geführt, während die Eigentümerschaft den Titel „Grüner Reiter“ verwendet.

8 *Malcolm Park* in: Manet trifft Manet – geteilt, wiedervereint, Sammlung Oskar Reinhart, Schwabe Verlag, ISBN 3-7965-2202-5, S.69, *Peter Studer*, in RBW Jawlensky S. 184.

9 *Nathalie Bäschlin*, Alexej Jawlenskys Grüner Reiter – ein Kommentar aus restaurationsethischer Sicht, in RBW Jawlensky S. 163.

(©

Bildnachweis: Alexej von Jawlensky Archiv SA, Locarno

Der rechtlichen Würdigung des Jawlensky-Falles soll eine Betrachtung aus restaurationsethischer Sicht vorangestellt werden.

III. Die Spaltung aus restaurations-ethischer Sicht

Nathalie Bäschlin, Diplomrestauratorin FH und Dozentin am Fachbereich Konservierung und Restaurierung der Hochschule der Künste Bern, führt zum Jawlensky-Beispiel folgendes aus: „Unbestritten bedeuten die oben aufgeführten Massnahmen einen weit führenden Eingriff in die materielle, historische und wohl auch in die künstlerische Integrität des Kunstwerkes[10]. Beides – die Entfernung der Übermalung sowie die Spaltung – sind irreversible Massnahmen an ein

10 *Bäschlin,* in RBW Jawlensky, S. 164.

und demselben Kunstwerk, welche seine Integrität beeinträchtigen. Die Integrität des Werkes zeichne sich aus, so die Autorin weiter, durch die materielle, künstlerische, historische und konzeptionelle Integrität[11] . Nach den geltenden restaurationsethischen Grundsätzen sei ein Kunstwerk in seiner Gesamtheit zu bewahren, die Spaltung des Bildträgers verletze die Integrität des Kunstwerkes, die Einheit von Bildträger und von beidseitig angelegten Kompositionen. Deshalb müsse die Durchführung der beschriebenen Massnahmen unter heutigem Verständnis der restaurations-ethischen Normen abgelehnt werden. Es gehe um den Schutz von Authentizität, nicht von „Original“[12]. Die Autorin des sehr lesenswerten Beitrags beruft sich dabei auch auf die Charta von Venedig 1964[13] und die ECCO Professional Guidelines[14]. Insbesondere die Spaltung missachte klar die Maximen der Charta von Venedig 1964, weniger deutlich lasse sich die Freilegung einordnen. Sie sei ausnahmsweise zulässig, wenn „ein Zeugnis von hervorragendem historischem, wissenschaftlichem oder ästhetischem Wert“ offen gelegt werden könne.

Nicht unerwähnt lässt die Autorin, dass im konkreten Fall ein Gutachten wegen der wissenschaftlichen Bedeutung der freigelegten Komposition für die Freilegung plädierte. Als Legitimation wurde die hohe kunsthistorische Bedeutung des „Grünen Reiters“ angeführt, soll das Werk doch die Abwendung Jawlenskys vom faktisch geprägten Expressionismus hin zu einer neuen „introvertierten subjektiven Malweise“ manifestieren[15] . Der Wissenschaftliche Beirat des Jawlensky-Archiv stellt die Schlussfolgerung des Gutachters in Frage: „Die fehlende Signatur auf der Komposition ‚Grüner Reiter‘, die (heute entfernte) Signatur und Bezeichnung auf der grauen Übermalung und die Formatänderung erhärten die Annahme, dass Jawlensky die Reiterdarstellung künstlerisch motiviert verworfen und den Bildträger (in verkleinertem Format) für die neue Komposition wieder verwendet hat“.[16]

11 *Bäschlin*, in RBW Jawlensky, S. 163.

12 *Bäschlin*, in RBW Jawlensky, S. 166.

13 Internationale Charta über die Konservierung und Restaurierung von Denkmälern und Ensembles (1964). Auch der Schweizerische Verband für Konservierung und Restaurierung verweist in seinem Kodex (Berufsbild) in Ziffer 1.8 „Restaurierung“ auf die Charta (publ. in Glaus/Studer, Kunstrecht, Zürich 2003 S. 214.

14 Promoted by the European Confederation of Conservator-Restorers' Organisation adopted by its General Assembly , Brussels 1 March 2002.

15 *Bäschlin*, in RBW Jawlensky, S.164 Fn 11.

16 *Bäschlin*, in RBW Jawlensky, S.164 und 166. Sinngemäss beruft sich das Archiv auf das droit de non-paternité.

IV. Spaltungs- und Freilegungsvorgänge aus rechtlicher Sicht

Es geht in der Folge um die Prüfung folgender Fragestellungen: a) Ist die Abspaltung einer bemalten Rückseite, die nicht als verworfen gilt, zulässig? b) Ist die Freilegung einer allem Anschein nach verworfenen Rückseitenbemalung zulässig? c) Ist die Abspaltung einer unrechtmässig freigelegten Rückseite zulässig? Die Fragestellungen sind unter folgenden Normen zu beantworten:

Art.10 Abs.1 CH-URG:

> „Der Urheber oder die Urheberin hat das ausschliessliche Recht zu bestimmen, ob, wann, wie das Werk verwendet wird". (i.gl.S. §15 D-UrhG).

Art.11Abs.2 und 3 CH-URG:

> „Der Urheber oder die Urheberin hat das ausschliessliche Recht zu bestimmen, ob, wann und wie das Werk geändert werden darf. (-)
>
> „Selbst wenn eine Drittperson vertraglich oder gesetzlich befugt ist, das Werk zu ändern oder es zur Schaffung eines Werkes zweiter Hand zu verwenden, kann sich der Urheber oder die Urheberin jeder Entstellung des Werkes widersetzen, die ihn oder sie in seiner Persönlichkeit verletzt. (i.gl.S. § 23 und 39 D-UrhG i.V.m. § 14 D-UrhG).

§44 D-UrhG:

> „Veräussert der Urheber das Original des Werkes, so räumt er damit im Zweifel dem Erwerber ein Nutzungsrecht nicht ein" (i.gl.S. Art.16 CH-URG).

Die Eigentumsfreiheit des Kunstkäufers wird – das machen die Normen deutlich – begrenzt durch den Schutz der Interessen des Urhebers. Eigentümer von Kunstwerken müssen die Integrität des Werkes wahren, solange sie es nicht zerstören. Sie dürfen – so die Lehre - ohne Einwilligung des Künstlers oder seiner Erben keinerlei Veränderungen am Werk vornehmen. Selbst wenn vertraglich ein Bearbeitungsrecht eingeräumt wurde, darf das Werk nicht in einer Art entstellt werden, die persönlichkeitsverletzend ist (Art.11 Abs.2 CH-URG, §14 D-UrhG). Als besonders gravierende Beeinträchtigungen werden Übermalungen, das Abschneiden von Werkteilen einer Fotografie oder auch die verunstaltende oder stark überdimensionierte Reproduktion genannt[17], immer vorausgesetzt, dass diese Bearbeitungen der Veröffentlichung und Verwertung zugeführt werden. Die Bearbeitung selbst ist Teil des Eigengebrauchs-Privilegs[18]. Nach Schack setzt der Tatbestand einer Verletzung des Urheberpersönlichkeitsrechts dreierlei voraus: eine Beeinträchtigung des Werkes, eine Interessengefährdung des Urhebers und eine Interessenabwägung zugunsten des Urhebers[19]. Einzelne

17 *Schack*, Rz 256.
18 *Schack*, Rz. 258.
19 *Schack*, Rz. 255 sowie Rz. 779 ff.

Lehrmeinungen in der Schweiz sind rigider[20]. Auch in der Schweiz sind aber trotz der dualistischen Struktur des Urheberrechts die Urheberpersönlichkeitsrechte vererblich[21].

Wenn nun aber, wie die Lehre einhellig ausführt, nicht die Integrität des Kunstgegenstandes als solche geschützt ist, sondern allein die ideellen Interessen des Urhebers an dem von ihm geschaffenen Werk, und diese ideellen Interessen auch nur, soweit sie berechtigt sind (§14 D-UrhG), kann nicht jede Spaltung physischer oder digitaler Art per se unzulässig sein. Dabei wird das im physischen Werk verkörperte Immaterialgut an sich nicht verändert, sondern lediglich die Träger-Materie reduziert durch die Teilung. Dieses Fazit muss jedenfalls für all jene Fälle gelten, in welchen der Spaltung keine Freilegung vorangeht. Mit andern Worten: wäre der „Grüne Reiter" von Jawlensky nicht übermalt und die Übermalung gar noch signiert worden, wäre eine Abspaltung unter rechtlichen Gesichtpunkten nach hier vertretener Auffassung zulässig gewesen, ungeachtet der restaurationsethischen Einwendungen.

Durfte das übermalte Bild freigelegt werden? Wie sind die Übermalung und die Signatur auf der Übermalung zu würdigen? Handelt es sich um eine klare Willensäusserung des Künstlers? Oder denken Künstler dabei allenfalls gar nicht zu weit, wie anlässlich der V.Heidelberger Kunstrechtstagung eingewendet wurde? Sollen sich die Erben des Künstlers kurz vor Ablauf der 70-jährigen Schutzfrist – Jawlensky starb am 15. März 1941, das übermalte Bild wurde 2005 freigelegt – noch auf das Urheberpersönlichkeitsrecht des Künstlers berufen können? Oder überwiegt hier das wissenschaftliche Interesse am übermalten Bild oder muss schon allein die Neugier der Eigentümer Vorrang haben, solange sie das Werk nicht (oder jedenfalls noch nicht vor Ablauf der Schutzfrist) der Öffentlichkeit zugänglich machen? Als Regel muss am Grundsatz festgehalten werden: Wo nicht nur eine Doppelung der Trägermaterie vorgenommen wird, sondern Verworfenes freigelegt und abgespalten bzw. „restauriert" wird, muss das Urheberpersönlichkeitsrecht des Künstlers respektiert werden bis zum Ablauf der Schutzfrist. Nur bei einem deutlich überwiegenden wissenschaftlichen Interesse darf das Werk, von welchem sich der Künstler mutmasslich distanziert hat, offenbart werden und auch abgespalten werden. Im Einzelfall wird die Intention des Künstlers nicht immer klar festzustellen sein. Und nicht immer müssen die Eingriffe – das Übermalen – vom Künstler selbst stammen.

20 *Denis Barrelet / Willi Egloff*, Urheberrecht, Bern 2008, Art. 11 URG N. 5.

21 *Jacques de Werra*, Stämpflis Handkommentar, URG 16 N 54 m.V. Art. 11 Abs. 2 verweist nicht auf Art. 31 ZGB, welcher festhält, die Persönlichkeit ende mit dem Tod. In der Schweiz anerkennt das Bundesgericht immer noch nicht einen allgemeinen postmortalen Persönlichkeitsschutz, vergl. BGE 129 III 719 (Malbuner), Literaturhinweise bei: *Bruno Glaus*, Der Schutz der Angehörigen in der Medienberichterstattung, medialex 2/07, 65 f. Fn. 5 und 6.

Eine unrechtmässig freigelegte Rückseite darf in der Folge auch nicht abgespalten in Verkehr gebracht werden (vorbehalten bleibt das Eigengebrauchsprivileg). Allerdings kann der Makel einer unrechtmässigen Freilegung und Abspaltung nachträglich (wie im Fall Jawlensky) von den Rechteinhabern geheilt werden.

Zusammenfassend kann festgehalten werden: Mag die physische Spaltung von Trägermaterial unter restaurationsethischen Gesichtspunkten fragwürdig sein, muss sie nicht zwingend gegen rechtliche Normen verstossen. Weil nicht die Träger-materie, sondern das auf dem Träger materialisierte künstlerische Werk geschützt ist. Nur dort, wo dem Spaltungsprozess eine Freilegung von Verworfenem oder dort, wo ein orts- oder trägerspezifischer Bezug zum künstlerischen Werk anzunehmen ist – wie beispielsweise im Fall Schlemmer – wird auch unter rechtlichen Gesichtspunkten durch Spaltung des Trägermaterials die Integrität des Werkes verletzt.

V. Anspruch auf Begutachtung?

Hat der Eigentümer der (rechtmässig) abgespaltenen Rückseite Anspruch darauf, dass sein Werk zertifiziert und in ein Werkverzeichnis aufgenommen wird? Die Zertifizierung und die Aufnahme in ein Werkverzeichnis können den Marktwert des Werkes entscheidend beeinflussen. Werkverzeichner, Comités oder Zertifizierungsstellen haben nicht selten eine marktbeherrschende Stellung. Diese Stellung darf nicht missbraucht werden[22]. Das Verweigern einer Geschäftsbeziehung – einer Begutachtung – kann unter kartellrechtlichen Gesichtspunkten missbräuchlich sein. Friederike J. Ringe[23] ist indes zuzustimmen, dass nur ein Anspruch auf Prüfung und allenfalls auf einen bestimmten Prüfungsstandard, nicht aber ein bestimmtes Prüfungsergebnis gerichtlich durchgesetzt werden könnte. Berechtigte Zweifel müssten die Begutachter auf jeden Fall formulieren. Das Alexej von Jawlensky-Archiv war sich dieser Problematik bewusst und hat mit den Zusätzen recto und verso unter der gleichen Katalog-Nummer der problematischen Freilegung der Rückseite, aber auch den Eigentümer-Interessen wohlwollend Rechnung getragen. Denn auch eine Abschreibung wäre in diesem Fall durchaus vertretbar gewesen.

22 Art. 82 EG-Vertrag, Art.7 KG.

23 *F. J. Ringe* in: *M.A.Renold*, Centre du droit de l'art, Bd. 19, l'expertise et l'authentification des oeuvres d'art, Zürich 2007, S. 145 (zit. Band 19); vgl. dazu insbesondere auch Friederike Gräfin von Brühl, Marktmacht von Kunstexperten als Rechtsproblem, Köln/München 2008.

VI. Anspruch auf Abschreibung – droit de non-paternité?

Das Gegenstück zum Anspruch auf Prüfung einer allfälligen Zuschreibung ist das Recht des Urhebers oder dessen Rechtsnachfolger auf Abschreibung bzw. Feststellung, dass ein Werk nicht dem Künstler zugeschrieben werden darf (droit de non-paternité[24]). Sei es, weil es tatsächlich nicht von ihm stammt, sei es, weil er sich erkennbar vom Werk distanziert hat durch Übermalen eines früheren Werkes. Ein solcher Rechtsanspruch wird grundsätzlich bejaht – auch im Persönlichkeitsrecht.[25] Die hier vertretene Auffassung ist die folgende: Wenn Künstler sich erkennbar von einem Werk distanziert haben, indem sie es zerrissen, gestrichen oder übermalt haben, steht Ihnen (oder den Rechtsnachfolgern) ein Recht auf Aberkennung bzw. Nicht-Anerkennung, ein droit de non-paternité, zu. Im Fall der abgetrennten und freigelegten Karton-Rückseite hätten die Erben Jawlenskys zwar keinen Anspruch auf Zerstörung des Werkes, aber einen Rechtsanspruch darauf, den Eigentümern zu verbieten, dass sie das Werk als ein Werk von Jawlensky ausgeben und es als solches in Verkehr bringen.
Zu beachten ist Folgendes: Beim nicht veräusserten Werk ist der Widerruf des Urhebers immer zu respektieren. Beim veräusserten Werk verhält es sich anders:

> „Das Rückrufsrecht wegen gewandelter Überzeugung in § 42 D-UrhG erlaubt nur den Rückruf von Nutzungsrechten, nicht jedoch des Sacheigentums. Der Urheber darf den veräusserten Kunstgegenstand weder beschädigen noch verändern noch gar zerstören, weil er ihm so nicht mehr gefällt".[26]

Der vor der Veräusserung manifestierte Wille des Urhebers (z.B. durch Übermalen) ist vom Erwerber zu respektieren.

VII. Unterlassungs- und Wiederherstellungsansprüche?

Die Rechteinhaber können Ansprüche aus der (unzulässigen) Werkverwertung gegen den Spalter erheben, wenn dieser die übermalte Rückseite „restauriert". Es stellen sich in diesem Kontext eine Vielzahl weiterer Fragen: Können die Rechte-inhaber gegen den (gutgläubigen) Käufer Unterlassunganspr üche (z.B. Verbot, das Werk in der Öffentlichkeit zu zeigen) stellen? Kann die Wiederherstellung des ursprünglichen Zustandes (d.h. der Übermalung) durchgesetzt werden?

24 *Jacques de Werra* in Band 19, S. 113.

25 *Jacques de Werra* in Band 19, S. 113; Fall Nolde BGHZ 107 S. 384; *Bruno Glaus*, Das Recht am eigenen Wort, Zürich 1997, S. 104.

26 *Schack*, Rz 166.

VIII. Vertraglich vereinbartes Bearbeitungsrecht

Vor allem im Bereich der angewandten Kunst wird oft ein Bearbeitungsrecht vereinbart. Auch dort, wo solche Rechte eingeräumt wurden, gilt das Bearbeitungsrecht nicht schrankenlos. Berechtigte dürfen ein Werk nicht entstellen[27]. Eine Entstellung liegt vor, wenn der Substanzeingriff gravierend ist, die Wesenszüge des Werkes nicht mehr erkennbar sind, oder wenn das bearbeitete Erstwerk in einem von Künstler nicht hinzunehmenden Kontext gestellt wird[28]. Entstellung ist jede Verzerrung oder Verfälschung der Wesenszüge eines Werkes[29]. Entstellung kann durch teilweise Übermalung oder Zufügungen[30], durch Zerteilung einer Einheit[31], ja selbst durch Umhängung oder Umplatzierung entstehen[32]. So musste eine Kirchgemeinde Figuren des Künstlers Stephan Balkenhol vom Altarraum wieder in den Eingangsbereich zurückstellen, weil der Plastiker die Figuren für diesen Ort geschaffen hatte[33] (zum Nachweis der konzeptionellen Verbundenheit siehe nachfolgend).

27 Sie dürfen es allerdings – mit Vorbehalten – zerstören. Vergl. dazu Art.15 CH-URG

28 *Ebling/Schulze*, S.102 f. mit Beispielen.

29 *Günther Picker*, Kunstgegenstände & Antiquitäten, München 2000 (zit.Picker), S. 379 mit Verweis auf mehrere Landesgerichts-Entscheide.

30 *Sabine Zentek*, Handbuch für Recht in Kunst und Design, Stuttgart 1998, S. 66: Ein Hauseigentümer liess in einem Treppenhausgemälde die nackten Sirenen „bekleiden“.

31 *Zentek*, S.66.

32 Eine 1956 geschaffene Skulptur von Ödon Koch war für das Planschbecken im Unteren Letten bestimmt. 2002 wurde sie ohne Wissen der Erben an einen anderen Ort versetzt. Dazu *Peter Studer*, Wie Zürich mit Kunst im Stadtraum umgeht, in NZZ vom 22. Juli 2005. Allgemein dazu: *Christoph Schenker / Michael Hiltbrunner*, Kunst und Öffentlichkeit. Kritische Praxis der Kunst im Stadtraum Zürich, Zürich 2007. Erwähnenswert ist auch das „Verschiebungsbeispiel“ der Fanfare von Robert Müller. Die "Fanfare" war 1968 für eine Schulanlage in Langenthal entworfen worden, aber wegen geschürten Volkszorns nicht aufgestellt und von der Walter A. Bechtler Stiftung schliesslich der Stadt Zürich geschenkt worden. Auf dem Heimplatz vor dem Zürcher Kunsthaus stand die "Fanfare" bis 2006. Angeblich wegen des Zusatzbaus mit Unterführung musste ein neuer Standort gefunden werden. 2010 schenkte Zürich die "Fanfare" der neuerdings wieder interessierten Stadt Langenthal, Am urprünglich vorgesehenen Platz vor dem Gymnasium Oberaargau steht sie seit dem 3. 6. 2010. In allen Aspekten reich dokumentiert in der Schrift Kunst im öffentlichen Raum / Tiefbauamt der Stadt Zürich, "Wohin mit der Skulptur?, Zürich 2011, Fallbeispiel Fanfare", Zürich 2011, Verlag Ringier. S. 95. Der möglicherweise urheberrechtlich berechtigte oder mitberechtigte Sohn Robert Müllers war scheinbar nicht informiert worden. In der nützlichen "Checkliste" von Bettina Burkhardt fehlen die so oft vernachlässigten urheberrechtlichen Aspekte.

33 *Picker*, S. 380.

IX. Privilegien für Hauseigentümer

Das schweizerische Urheberrecht privilegiert explizit Hauseigentümer bei Werken der Baukunst in Art. 12 Abs. 4 CH-URG[34]:

> „Ausgeführte Werke der Baukunst dürfen vom Eigentümer oder von der Eigentümerin geändert werden; vorbehalten bleibt Artikel 11 Abs. 2".

Kunstwerke im öffentlichen Raum und Kunst am Bau fallen nicht in die Kategorie „Werke der Baukunst"[35], sondern sind Werke der bildenden Kunst (der Malerei, der Bildhauerei und der Grafik). Für sie ist Art. 11 CH-URG massgebend, das Privileg des Hauseigentümers, das Haus zu verändern, erfasst nicht auch die Kunst am Bau (siehe das vorgenannte Beispiel Schlemmer).

X. Spaltung von Fotoserien

Wie verhält es sich mit der bloß quantitativen Abspaltung, dort, wo Sammler aus einer mehrteiligen Arbeit Teile verkaufen? Als Beispiel seien Fotoarbeiten angeführt, z.B. dreiteilige Werke von Jules Spinatsch, Temporary Discomfort I, Hotspot No.4, Kurpark Davos (aus der WEF-Trilogie). Darf der Sammler die dreiteilige Arbeit in Einzelstücken verkaufen? Es gibt berühmtere Beispiele: Roy Lichtensteins „Six Bulls" eine sechsteilige Arbeit, war als Gesamtwerk verkauft worden, Jahre später tauchten einzelne Teile als Einzelwerke an Auktionen auf – ohne dass es zu Klagen kam. Soll denn solches verboten sein? Lag die künstlerische Essenz nur im sechsteiligen Gesamtwerk, oder nicht auch in jedem einzelnen für sich allein? Liegt der ideelle Wert des Werkes (nur) im Gesamtkonzept oder (auch) im einzelnen Teil? Darf einem einzelnen Teil die Anerkennung verweigert werden? Haben Werkverzeichner das Recht zu vermerken, dass die Einzelarbeit ursprünglich Teil einer mehrteiligen Produktion war, vergleichbar mit den Zusätzen retro und verso im Beispiel Jawlensky?

XI. Veränderungen des Konzepts / des Kontextes

Bei Skulpturen und Wandarbeiten im öffentlichen Raum ist zu prüfen, wieweit das Kunstwerk aus seiner künstlerischen Konzeption heraus ortsgebunden ist oder nicht. Der Ortsbezug kann formal sein, (wenn Formen, Farben und Materia-

34 Anders wohl die Regelung im deutschen UrhG: „§39 hat damit nur klarstellende Bedeutung für die nach §14 UrhG vorzunehmende Interessenabwägung" (*Schack*, Rz. 780)

35 Zur Abgrenzung von Werken der Baukunst und Kunst am Bau siehe *Werner Stauffacher*, Kunst und Bau – die Mühen mit dem Urheberrecht, Schweizer Kunst 1/2004.

lien mit der Umgebung korrespondieren), oder inhaltlich (wenn sich das Werk auf ein Ereignis bezieht, das am entsprechenden Ort stattgefunden hat). Die Entfernung eines Mahnmals von seinem Bezugsort beeinträchtigt das Urheberpersönlichkeitsrecht der Künstlerin, „wenn das Werk nach seinem Inhalt nur an seinem Aufstellungsort gedacht werden kann“[36]. Ein Versetzen des Kunstwerkes oder das Amputieren – das Abspalten - eines Teilstückes aus einem Gesamtkonzept kann eine unzulässige Verletzung der Werkintegrität sein. Dies ist vor allem bei Gesamtkunstwerken zu beachten, welche aus Pflanz-, Licht-, Bild- und Filmelementen bestehen und über ganze Gebäude oder Areale verteilt sind. Wer auf einen Teil verzichtet oder diesen nachträglich aus dem Gesamtkonzept herausbricht, indem er beispielsweise den Videoteil im Eingangsbereich, der das Gesamtwerk prägt, „streicht“, entstellt das Gesamtwerk.

Entscheidend ist die „Lesbarkeit“; zumindest Fachkreise sollten das Konzept lesen können. Lesbarkeit setzt einen klar definierten symbolischen Inhalt sowie zulängliche und zugängliche Information voraus. Die „Botschaft“ muss aufbereitet werden, damit sie der Auftraggeber versteht[37]. Voraussetzung ist ein gemeinsames Verständnis von Ortspezifik, „das den Raum als ein Geflecht von sich überschneidenden Funktionen und Diskursen begreift“[38].

Auch auf die vertraglichen Abmachungen zwischen Künstler und Käufer ist abzustellen. Ein an sich nicht ortsgebundenes Werk kann ortsgebunden (z.B. für einen Verkehrskreisel) verkauft werden. Längerfristig kann diese vertragliche Abmachung indes nur über eine im Grundbuch verankerte Personaldienstbarkeit sichergestellt werden[39]. Sonst riskiert der Künstler den Verlust der vertraglichen Sicherung, sobald der Erstkäufer das Werk einem gutgläubigen Dritten weiter veräussert. Der Vertragsinhalt ergibt sich oft auch aus den Wettbewerbsunterlagen und Eingaben. Dabei spielen Auffassungen von Kunstexperten zumindest dort eine Rolle, wo sich der Erwerber bei der Beschaffung ebenfalls fachlich beraten liess - was im Fall von MocMoc zutraf (siehe dazu www.mocmoc.ch). Ein wichtiges Indiz für oder gegen Ortsgebundenheit ist die Entstehungsgeschichte: Wo lediglich ein bereits bestehendes Werk angekauft wird, wird kaum auf ein ortsbezogenes künstlerisches Konzept geschlossen werden können.

Wird die Zustimmung zur Ortsveränderung verweigert, hat der Erwerber nur die Wahl zwischen Zerstörung oder Erhalt bzw. Wiederherstellung am gleichen oder vergleichbaren Standort. Er darf nicht klammheimlich das Kunstwerk zer-

36 *Wandtke/Bullinger*, S. 109; illustrative Beispiele dafür auch bei *Christophe Ammann* in: *Walter Grasskamp* (Hrsg.), Unerwünschte Monumente, München 2000 (zit. Grasskamp), S. 122.

37 Mehr dazu bei *Hermann Demmel*, Artmanagement, Darmstadt 2002, S. 41 ff.

38 *Beatrice von Bismarck*, Verhandlungssachen: Rollen und Praktiken, in: Kunst des Ausstellens, Ostfildern-Ruit 2002, S. 235.

39 Dazu *Bruno Glaus / Peter Studer*, Kunstrecht, Zürich 2003, S. 51.

stören, sondern muss sich vergewissern, dass der Künstler kein Interesse am Werkerhalt haben kann. Der Künstler hat ein Rücknahmerecht, und wo dies nicht möglich ist – wie beispielsweise bei Kunst am Bau – ein Nachbildungsrecht Art.15 CH-URG).

Zusammenfassend kann festgehalten werden, dass der Eigentümer eines Kunstwerkes weniger frei ist im Umgang und in der Bearbeitung seines erworbenen Eigentums als bei einem Konsumgut. Die ideellen Interessen des Künstlers setzen den Eigentümer-Interessen Grenzen, Grenzen, die mit zunehmendem Verlauf der Zeit schwinden und mit Ablauf der 70-jährigen Schutzdauer ganz verblassen.

Abbildungen gemeinfreier Kunstwerke – Rechte des Sacheigentümers

*Timo Prengel**

I. Einleitung

Die Ausstellung „Gesichter der Renaissance" im Bode Museum[1] wird begleitet von einer Bilderflut. In Berlin sind ausgewählte Porträts der Sonderausstellung nicht nur auf Omnibussen, Fahrradtaxis, Litfaßsäulen und Plakaten abgebildet. Es gibt eine Internetseite und eine App[2], bei der die Porträts mit Schlagwörtern wie „Latin Lover", „Schicke Frisur" und „Fieser Typ" verknüpft sind. Schönheitschirurg *Stephan von Rothkirch*[3] passt lange Nasen und ein fliehendes Kinn dem heutigen Schönheitsideal an.

Im Schaufenster des KaDeWe werden Makeup und die passende Tasche vor einem Boticelli gezeigt. Im Museumsshop ist wie gewohnt ein Ausstellungskatalog erhältlich. Doch man findet dort auch einen Kannenwärmer mit Strozzi-Aufdruck für 35 Euro. Der Eintritt kostet 14 Euro. Die Kunst selbst erscheint dabei fast nebensächlich. Der Museumsbesuch ist ein Event. Auf die Frage, ob das Bode-Museum unsere schöne Renaissance verramsche, antwortete der Direktor *Bernd Wolfgang Lindemann*, man komme ohne solche Merchandising-Produkte heute nicht mehr zurecht. So eine Ausstellung müsse sich refinanzieren. Die Alternative sei, den Eintrittspreis entsprechend anzuheben.[4] Die Bildauswertung erreicht bei Sonderausstellungen dieser Art demnach einen höheren Stellenwert als das Eintrittsgeld. Dabei zählt das Bode-Museum rund 2.100 Besucher am Tag.[5]

Die ausgestellten Meisterwerke sind urheberrechtlich nicht geschützt. Können die Leihgeber – überwiegend Museen[6] – und das Bode-Museum die Bildauswer-

* Dr. Timo Prengel, Rechtsanwalt, Hamburg. Die Vortragsform wurde beibehalten.

1 Berlin, Bode-Museum: 25. August 2011 – 20. November 2011 und New York, Metropolitan Museum: 19. Dezember 2011 – 18. März 2012.

2 Produktion: Antenna International, Berlin.

3 www.ästhetische-rhinoplastik-berlin.de.

4 www.zdf.de/ZDFmediathek/beitrag/video/1419688/Kostbare-Meisterwerke-im-Bode-Museum.

5 *Leon Scherfig*, Berliner Morgenpost, Das große Warten vor dem Bode-Museum: www.morgenpost.de/kultur/article1752211/Das-grosse-Warten-vor-dem-Bode-Museum.html.

6 www.smb.museum/smb/gesichter/landers.php.

tung und die Qualität von öffentlich zugänglichen Reproduktionen außerhalb vertraglicher Ansprüche[7] gleichwohl steuern? Sind sie rechtlich in der Lage, Dritten die kommerzielle Verwertung von Reproduktionsfotografien zu verbieten?

Diese Fragen betreffen das Verhältnis von Urheberrecht und Sacheigentum. Ob es ein Recht am Bild der eigenen Sache gibt, ist seit längerer Zeit umstritten.

II. Sacheigentum und Urheberrecht

Im Ausgangspunkt steht fest, der Sacheigentümer darf Abbildungen von seinem Kunstgegenstand während des Urheberrechtsschutzes nur im Rahmen der urheberrechtlichen Schranken anfertigen und verwerten.[8] Das Urheberrecht geht in seinem Anwendungsbereich dem Sacheigentum gemäß § 903 S. 1 BGB vor. Erlischt das Urheberrecht durch Zeitablauf 70 Jahre nach dem Tod des Urhebers (§ 64 UrhG), wird der Sacheigentümer von den Beschränkungen des Urheberrechts befreit. Er ist u.a. nicht mehr verpflichtet, dem Urheber Zugang zu seinem originalen Werkstück zu gewähren (§ 25 UrhG)[9] und ist vorbehaltlich anderer Beschränkungen – wie beispielsweise dem Denkmalschutz – frei, mit der Sache nach Belieben zu verfahren. Der Eigentümer darf sein Kunstobjekt für sich allein genießen und grundsätzlich sogar zerstören.[10]

7 Besuchervertrag.

8 Beispielsweise als Privatkopie (§ 53 UrhG) oder Bildzitat (§ 51 UrhG).

9 Vgl. *Paul Katzenberger*, in *Gerhard Schricker*, Urheberrecht, Kommentar, 3. Auflage, § 64 Rn. 8.

10 OLG Schleswig, Urt. v. 28.2.2006 – 6 U 63/05, ZUM 2006, 426 – Kubus-Balance (Abb. unter www.hd-schrader.de). Die Gesetzesbegründung zu § 14 UrhG sah ausdrücklich davon ab, ein Zerstörungsverbot für Werke der bildenden Künste in den Gesetzestext aufzunehmen. Es sei nicht Aufgabe des privatrechtlichen Urheberrechts, wertvolle Kunstwerke zu erhalten, sondern dem Denkmalschutz vorbehalten, BT-Drs. IV/270, S. 45. Ähnlich argumentiert *Peter Hock,* Die Werknutzungsrechte an Werken der bildenden Kunst in öffentlichen Kunstsammlungen, Basel 1960, S. 129 f.: Auch unter dem Regime des § 11 LUG bemerkte das RG als *obiter dictum* in seinem Urt. v. 8.6.1912 – I 382/11, RGZ 79, 397, 401 – Felseneiland mit Sirenen, der Eigentümer habe das Recht, das Werkstück zu zerstören. In der späteren Rechtsprechung hat sich diese Ansicht nicht geändert, siehe die Zusammenstellung bei *Alexander Jänecke*, Das urheberrechtliche Zerstörungsverbot gegenüber dem Sacheigentümer, Frankfurt am Main, 2003, S. 65 ff., *Lothar Müller,* Das Urheberpersönlichkeitsrecht des Architekten im deutschen und österreichischen Recht, München 2004*S.* 176 ff. sowie *Vera Movsessian,* Darf man Kunstwerke vernichten?, UFITA 95 (1983), 77, 80.

Welche Verwertungsrechte[11] stehen ihm zu, wenn er das originale urheberrechtlich gemeinfreie Kunstwerk vermarkten möchte? Welche Rechte haben die Leihgeber für die Ausstellung Gesichter der Renaissance im Bode-Museum aufgrund ihrer (unterstellten) Eigentümerstellung? Stehen ihnen Unterlassungs- und Schadensansprüche zu, wenn Dritte Reproduktionen[12] der ausgestellten Werke kommerziell verwerten?

1. Panoramafreiheit als Schranke des Sacheigentums?

Einige versuchen, sich diesen Fragen mit Hilfe der Panoramafreiheit in § 59 UrhG zu nähern. Danach dürfen Fotografien von Werken, die sich bleibend an öffentlichen Straßen und Plätzen befinden, frei – auch zu gewerblichen Zwecken – fotografiert und verwertet werden. Die Schranke der Panoramafreiheit beschränkt das Ausschließlichkeitsrecht des Urhebers. Die Panoramafreiheit schützt die Freiheit des Straßenbildes. Die urheberrechtliche Freistellung soll nicht eigentumsrechtlich unterlaufen werden.[13] Vielfach wird vertreten, diese Wertung gelte erst recht für den Sacheigentümer nach Ablauf des Urheberrechts (§ 64 UrhG) oder für Sachen, die von Anfang an keinen Urheberschutz genießen.[14]

Die Empfehlung der Enquete-Kommission „Kultur in Deutschland" sprach sich für eine Vergütung von Werken im öffentlichen Raum – ausgenommen Bauwerke – aus, wenn die Abbildung gewerblichen Zwecken dient.[15] Ich bezweifle, dass dieselben Autoren diesen scheinbar verlockenden Analogieschluss und den damit angenommen Gleichlauf der Schranken von Urheberrecht und Sacheigentum auch für die Begründung einer Vergütungspflicht zugunsten des Sacheigentümers bemühen würden, falls dieser Vorschlag umgesetzt wird.

11 Vgl. *Timo Prengel*, Bildzitate von Kunstwerken als Schranke des Urheberrechts und des Eigentums mit Bezügen zum Internationalen Privatrecht, Frankfurt am Main 2011, S. 177 ff.

12 Bei Kunstgegenständen, die keinem Urheberrechtsschutz zugänglich sind, stellt sich die Frage von Anfang an.

13 BGH, Urt. v. 17.12.2010 – V ZR 45/10, Rn.13 (www.bundesgerichtshof.de). Im Rahmen des „London Street Photograpy Festival" fotografierte ein „Shoot Experience Team" begleitet von einem Filmteam von der Straße aus beschützte Gebäude in London, um die Reaktionen privater Sicherheitsdienste zu testen. Das Ergebnis ist ein Film auf Youtube: www.youtube.com/watch?v=FJH9F7Hcluo.

14 *Gunda Dreyer*, in *Gunda Dreier/Jost Kotthof/Astrid Meckel*, § 59 UrhG Rn. 17; *Jochen Schlingloff*, AfP 1992, 112, 114; ebenso *Stefan Ernst*, ZUM 2009, 434; *Henrik Lehment*, Das Fotografieren von Kunstgegenständen, Göttingen 2008, S. 104 und wohl auch *Wolfgang Maaßen*, PHOTONEWS 10/08, S. 8; *Haimo Schack*, JZ 2011, 375; *Manfred Wolf*, Sachenrecht, 22. Aufl., München 2006, Rn. 314.

15 BT-Drs. 16/7000, S. 264 f.

Offen bleibt dabei jedenfalls, welche Befugnisse dem Sacheigentümer außerhalb des Anwendungsbereichs der Panoramafreiheit zustehen. Dies gilt für nicht bleibende[16] Kunstwerke und Innenansichten von Gebäuden, die von öffentlichen Wegen, Straßen oder Plätzen aufgenommen werden. Die Bemühung der Panoramafreiheit hilft uns bei Werken in Museumsausstellungen jedenfalls nicht.[17]

2. Gemeinfreies Werk und Sacheigentum

Die Befugnisse des Urhebers und des Sacheigentümers bei Abbildungen von Kunstwerken sind vielmehr differenziert zu betrachten.

Urheberrechtliches Werk und sachenrechtlicher Schutz des Werkstücks, dem körperlichen Gegenstand, sind strikt zu trennen. Daher folgt aus dem Ablauf der Schutzdauer nach § 64 Abs. 1 UrhG für das Sacheigentum nichts. Ebenso wenig wie der Untergang des Werkorginals Auswirkungen auf die Schutzdauer des Urheberrechts hat[18], trifft der Schutzablauf des Urheberrechts eine Aussage zugunsten oder zulasten des Sacheigentums am Werkstück. Das Werk als geistiges Gebilde steht der Allgemeinheit für jede Art von Nutzung frei zur Verfügung. Seine Nutzung kann der Sacheigentümer nicht verhindern.

16 Vgl. hierzu BGH; Urt. v. 24.1.2002 – I ZR 102/99, ZUM 2002, 636, 637 – Verhüllter Reichstag; KG, Urt. v. 31.5.1996 – 5 U 889/96, NJW 1997, 1160, 1161 f. – Verhüllter Reichstag II; OLG Hamburg, Urt. v. 27.9.1973 – 3 U 38/73, GRUR 1974, 165, 167 – Gartentor; LG Frankenthal, Urt. v. 9.11.2004 – 6 O 209/04, GRUR 2005, 577 – Grassofa; LG Hamburg, Urt. v. 24.6.1988 – 74 S 5/88, GRUR 1989, 591, 592 – Neonrevier; AG Freiburg, Urt. v. 10.7.1996 – 1 C 1130/90, NJW 1997, 1160 – Holbein-Pferdchen; *Stefan Ernst*, Zur Panoramafreiheit des Urheberrechts, ZUM 1998, 475, 476 f.; *Cornelie von Gierke*, Die Freiheit des Straßenbildes (§ 59 UrhG), in: *Jürgen Becker/Reto Hilty/Jean-Fritz Stöckli/Thomas Würtenberger* (Hrsg.), Recht im Wandel seines sozialen und technologischen Umfeldes. Festschrift für Manfred Rehbinder, München, Bern 2002, S. 103, 111 f.; *Michael F. Griesbeck*, Der „verhüllte Reichstag“ – (k)ein Ende?, NJW 1997, 1133, 1134; *Astrid Müller-Katzenburg*, Offener Rechtsstreit um verhüllten Reichstag, Urheberrechtliche Aspekte von Christos Verpackungskunst, NJW 1996, 2341, 2344; *Gerhard Pfennig*, Christo und § 59 – die Diskussion um das Bleibende, ZUM 1996, 659 f.; *Benno H. Pöppelmann*, Verhüllter Reichstag, ZUM 1996, 297 ff.

17 Sie ist meines Erachtens auch im Übrigen kein taugliches Abgrenzungskriterium, siehe hierzu *Timo Prengel*, (Note 11), S. 225 m. w. Nachw.

18 *Paul Katzenberger*, in: *Gerhard Schricker*, Urheberrecht, Kommentar, 3. Auflage, § 64 Rn. 73.

III. Recht am Bild der eigenen Sache

Ob und inwieweit ein Recht am Bild der eigenen Sache nach Ablauf des urheberrechtlichen Schutzes auflebt, richtet sich nach dem Inhalt des Sacheigentums, insbesondere nach § 903 S. 1 BGB und § 1004 BGB. § 903 S. 1 BGB lautet:

> „Der Eigentümer einer Sache kann, soweit nicht das Gesetz oder Rechte Dritter entgegenstehen, mit der Sache nach Belieben verfahren und andere von jeder Einwirkung ausschließen."

§ 1004 BGB lautet:

> „Wird das Eigentum in anderer Weise als durch Entziehung oder Vorenthaltung des Besitzes beeinträchtigt, so kann der Eigentümer von dem Störer die Beseitigung der Beeinträchtigung verlangen. Sind weitere Beeinträchtigungen zu besorgen, so kann der Eigentümer auf Unterlassung klagen."

1. Eigentum am fotografierten Kunstgegenstand

a. Fotografieren des Kunstgegenstands

Zuerst ist zu fragen, ob bereits der Reproduktionsvorgang selbst das Sacheigentum beeinträchtigt. Das Aussehen der Sache ist untrennbar mit der Sachsubstanz verbunden.[19] Das Fotografieren lässt die Sachsubstanz unberührt. Es hat keine Auswirkungen auf die Nutzung der Sache selbst, hindert den Eigentümer nicht daran, mit der Sache weiterhin nach Belieben zu verfahren und stört ihn grundsätzlich auch nicht in seinem Besitz.[20] Der Fotograf wirkt nicht mit der Kamera auf den Kunstgegenstand ein. Die Kamera lässt vielmehr für einen Moment Licht hinein und das Abbild ist auf dem Trägermedium, dem Film oder der Speicherkarte, vorhanden. Der bloße Fotografiervorgang löst keine Abwehransprüche des Sacheigentümers aus.

b. Verwertung der Sachansicht

Interessanter ist der zweite Schritt, die Verwertung der Sachansicht. In der Benutzungsordnung der Staatlichen Museen Berlin[21] heißt es:

19 *Andreas Richard Bittner*, Das Fotografieren fremder Sachen – zivilrechtliche Ansprüche des Eigentümers?, Darmstadt 1986, S. 27.
20 BGH, Urt. v. 17.12.2010 – V ZR 45/10, Rn. 10.
21 Stand: Oktober 2010.

> „Jegliche wirtschaftliche Verwertung von Filmen und Fotos, die in den Museen aufgenommen wurden, bedarf der schriftlichen Genehmigung der Museumsleitung. Für Ausstellungen und Ausstellungsräume können seitens der Museumsleitung auch generelle Fotografierverbote ausgesprochen werden."

Die private Erinnerungsfotografie ist demnach grundsätzlich erlaubt. Die wirtschaftliche Verwertung nicht.

aa. Standorttheorie – Recht am eigenen Raum

Inwieweit der Standort, von dem der Fotograf fotografiert, geschützt ist, lässt sich im Kontext der relevanten Entscheidungen des Bundesgerichtshofes beantworten:

(1) Schloss Tegel

Das Schloss Tegel[22], welches in den Jahren 1820-24 von dem Architekten *Karl Friedrich Schinkel* umgebaut wurde, war von einem Park umgegeben und von der Straße nicht einsehbar. Die Eigentümerin gewährte Zugang gegen Entgelt. Die Beklagte – ein Bildverlag – hatte einen Fotografen beauftragt, von dem Grundstück aus Außenansichten anzufertigen. Die Eigentümerin begehrte die Untersagung des Vertriebs von Postkarten, welche das Schloss zeigten. Der Bundesgerichtshof verbot dem beklagten Bildverlag den weiteren Vertrieb der Postkarten. Der Grundstückseigentümer kann den Zugang an Bedingungen knüpfen und das kommerzielle fotografieren verbieten.[23]

(2) Friesenhaus

Rund eine Dekade später hatte der Bundesgerichtshof sich mit der Klage eines Eigentümers eines im Jahr 1740 erbauten Hauses im typisch friesischen Stil mit Sprossenfenstern, Reetdach und Dachgauben auf der Insel Sylt zu befassen. Der Kläger begehrte Unterlassung, Beseitigung und Zahlung wegen Abbildungen seines Hauses zur gewerblichen Nutzung. Die Beklagte vertrieb Textilprodukte für Wohn- und Innendekorationen und bildete auf dem Cover ihres Prospektes eine Farbfotografie des von der Straße einsehbaren Friesenhauses ab. Die Aufnahme und Benutzung der Fotografie erfolgten ohne Zustimmung des Klägers.

22 Abbildung unter: http://www.smb.museum/smb/schinkel/orte.php.
23 BGH, Urt. v. 20.9.1974 – I ZR 99/73, WRP 1975, 522, 523 – Schloss Tegel.

Die Vorinstanzen wiesen Klage und Berufung ab. Die Revision hatte keinen Erfolg. Das Gericht bemühte die Wertung des § 59 UrhG und lehnte ein Recht am Bild der eigenen Sache ab. Der Fotografiervorgang als Realakt lasse die Verfügungsbefugnis des Sacheigentümers unberührt.[24]

(3) Preußische Schlösser und Gärten

Im Dezember 2010 hatte der Bundesgerichtshof Gelegenheit, seine Rechtsprechung fortzuführen.

Klägerin war die öffentlich-rechtliche Stiftung Preußische Schlösser und Gärten Berlin-Brandenburg, die durch Staatsvertrag der beiden Länder errichtet wurde. Zu ihren Aufgaben zählt es, die ihr übergebenen Kulturgüter zu bewahren, unter Berücksichtigung historischer, kunst- und gartenhistorischer sowie denkmalpflegerischer Belange zu pflegen und der Öffentlichkeit zugänglich zu machen. Sie verwaltet eine Vielzahl historische Bauten und rund 800 Hektar Gartenanlagen in Berlin und Brandenburg, unter anderem Sanssouci und die Pfaueninsel.

Beklagte war eine Fotoagentur, die überwiegend im Auftrag Dritter, zum Beispiel von Presseunternehmen, daneben aber auch in eigener Initiative Fotografien herstellt. Sämtliche Fotos bietet sie auf einem von ihr betriebenen Internetportal zum Verkauf an. Darunter befanden sich auch Fotos von Kulturgütern, die von der Stiftung verwaltet werden, so zum Beispiel Parkanlagen, Skulpturen und Außenansichten historischer Gebäude.

Das ausschließliche Recht zur Anfertigung und Verwertung von Fotografien von Bauwerken und Gartenanlagen stehe dem Grundstückseigentümer zu, soweit diese Abbildungen von seinem Grundstück aus angefertigt worden sind.[25]

Dabei stellte das Gericht entscheidend darauf ab, zu welchen Bedingungen der Grundstückseigentümer Zugang zu seinem Grundstück eröffnet. Die Entscheidung darüber stehe grundsätzlich nach § 903 BGB im Belieben des Grundstückseigentümers. Er sei nicht gezwungen, den Zugang zu seinem Grundstück nur vollständig zu gestatten oder vollständig zu versagen. Er könne ihn auch eingeschränkt öffnen und sich etwa das Fotografieren seines Anwesens und die Verwertung solcher Fotografien vorbehalten.[26]

Ein ausschließliches Recht, Abbilder herzustellen und zu verwerten, wie es den Inhabern von Urheber- und Immaterialgüterrechten zusteht, verneint das Ge-

24 BGH, Urt. v. 9.3.1989, NJW 2251, 2252 – Friesenhaus.
25 BGH, Urt. v. 17.12.2010 – V ZR 45/10 – Preußische Schlösser und Gärten.
26 BGH, ebda., Rn. 13.

richt ausdrücklich.[27] Er habe ein solches Recht nur, wenn sein Grundstück betreten wird, um Abbilder von darauf befindlichen Gegenständen anzufertigen. Betroffen ist damit nicht das Recht am Kunstwerk selbst, sondern das Grundstückseigentum von dem aus die Abbildung erfolgte.

Die Verwertungsbefugnis beruhe auf dem Grundstückseigentum selbst, das das Recht umfasst, aus dem Grundstück Früchte zu ziehen. Zu diesen Früchten gehören nach § 99 Abs. 3 BGB ebenso wie die Erträge etwa aus der Vermietung eines Schlosses als Kulisse für einen Kinofilm auch die Erträge aus der Verwertung von Abbildern der Gebäude und Gärten auf dem Grundstück.[28]

Die Eigentümerbefugnisse erfahren daher nur insoweit eine Einschränkung, als ihre Ausübung bestehende Urheberrechte verletzen würde.[29] Die Sachansicht von Kunstwerken, die gemeinfrei sind oder von vornherein urheberechtlich nicht geschützt waren, können vom Eigentümer ohne Rücksicht auf das Urheberrecht verwertet werden.

Der Bundesgerichtshof wies die Sache an das Berufungsgericht zurück, weil noch geklärt werden müsse, ob die Stiftung Eigentümerin sei. Meiner Meinung nach ist diese Frage nicht entscheidungserheblich, weil auch dem Nutzungsberechtigten entsprechende Rechte zustehen. Es geht weniger um das Grundstückseigentum als um das Hausrecht.

bb. Auswirkungen auf Kunstausstellungen

Wenn man die Maßstäbe des Bundesgerichtshofs auf Kunstausstellungen in Museen anwendet, stehen den Sacheigentümer der ausgestellten Kunstwerke selbst keine Verwertungsrechte zu. Ansprüche hätte in dem am Anfang erwähnten Beispiel nur der Grundstückseigentümer des Bode-Museums. Soweit der vorgenannte Hinweis des Museums auf das Verwertungsverbot von Fotografien und Filmen zu kommerziellen Zwecken für die Besucher deutlich erkennbar ist, sind Unterlassungs-, Auskunfts- und Schadensersatzansprüche gegen den Fotografen und seinen Auftraggeber begründet. Das Bode-Museum ist demnach in der Lage, die Bildverwertung zu steuern.[30]

27 BGH, ebda., Rn. 15.
28 BGH, ebda.
29 BGH, Rn. 16 m.w.N.
30 In der Entscheidung BGH v. 28.10.2010 - I ZR 60/09 - Hartplatzhelden (www.bundesgerichtshof.de) stützte der Kläger, der Württembergische Fußballverband e.V., seine Unterlassungsansprüche auf das Wettbewerbsrecht und nicht auf das Grundstückseigentum bzw. Hausrecht (vgl. Rn. 22, 24). Der Kläger dürfte deswegen mit seinem Begehren nicht erfolgreich gewesen sein.

Leihgeber, die ein Vorgehen des Museums gegen unerwünschte (kommerzielle) Nutzungen sicherstellen möchten, müssten im Lichte der Entscheidung des Bundesgerichtshofs „Preußische Schlösser und Gärten“ entsprechende Regelungen in dem Leihvertrag aufnehmen.

Man wird das Kunstwerk selbst aber nicht ohne Weiteres der Betrachtung entziehen können. In der Entscheidung „Rote Mitte“[31] des Bundesgerichtshofs löste eine Eigentumsberühmung Unterlassungsansprüche zugunsten des wahren Eigentümers aus. Gerade in Kunstkreisen sei eine derartige Äußerung geeignet, den wahren Eigentümer in seinen Rechten gemäß § 903 BGB, mit dem Bild nach seinem Belieben zu verfahren, nachhaltig zu beeinträchtigen.[32] Man wird diesen Gedanken auch auf Abbildungen von Kunstwerken über die Entscheidung „Preußische Schlösser und Gärten“ hinaus übertragen können. Wenn eine Verfälschung der Wahrnehmung des Kunstwerkes durch die Abbildung eintritt, kommen Unterlassungsansprüche des Sacheigentümers in Betracht. Die verfälschte Fotografie wirkt auf das Original ein und beeinträchtigt das Eigentum daran.[33] Jeder, der schon einmal versucht hat, ein Kunstwerk realitätsnah zu fotografieren, weiß, wie schwer es ist.[34] Bilder suggerieren eine Evidenz, der wir uns kaum entziehen können.[35] Vermitteln sie einen realen Eindruck von dem Kunstwerk, der aber tatsächlich nicht besteht, weil etwa die Farben verfälscht sind, müsste man den Eigentümer zumindest insoweit Ansprüche gewähren.[36]

31 BGH, Urt. v. 24.10.2005 – II ZR 329/03, GRUR 2006, 351 – Rote Mitte. Der Entscheidung lag zusammengefasst folgender Sachverhalt zugrunde. Kläger war ein Kunstsammler. Der Beklagte mit Wohnsitz in Italien gehörte der Erbengemeinschaft nach Oskar Schlemmer an und behauptete gegenüber einem Kunstverlag in einem als vertraulich bezeichneten Schreiben, das Gemälde „Rote Mitte“ des Künstlers stehe im Eigentum der Erbengemeinschaft. Der Kunstverlag unterrichtete den Kläger. Der BGH gab der Unterlassungsklage statt und erkannte in der Rechtsberühmung des Beklagten eine Beeinträchtigung des Eigentumsrechts nach § 903 BGB an dem Gemälde an. Anm. zu dieser Entscheidung: *Erik Jayme*, IPRax 2006, 502 = KunstRSp 2007, 11; *Michael Stürner*, jurisPR-BGHZivilR 4/2006 Anm. 4; *Herbert Roth*, LMK 2006, 176147.

32 „Wenn aber jemand durch Worte das Eigentum an einem Kunstwerk beschädigen kann, müsste das gleiche für Fotografien gelten“, *Erik Jayme*, Reproduktionsrechte an Kunstwerken, Kunst & Recht Bulletin, 1/2011, 11, 20 ff.

33 *Erik Jayme*, ebda., S. 21 f., der von dem „Recht auf Steuerung der Wahrnehmung“ spricht.

34 Vgl. hierzu den Film zur Darstellung der Arbeit eines Reproduktionsfotografen „Das maximal Einmalige und seine Transformation zum Gleichartigen“ von *Cornelia Sollfrank* im Märkischen Museum Witten (2007).

35 *Heinrich Assel*, Die Leiden des Papstes betrachten. Globale Eucharistie und Leiden Johannes Paul II, in *Wolfgang-Andreas Liebert / Thomas Metten* (Hrsg.), Mit Bildern lügen, Köln 2007, S. 193 – 216.

36 Man könnte die Wertungen des § 906 BGB heranziehen, um wesentliche von unwesentlichen Einwirkungen zu unterscheiden. Nach *Erik Jayme* (Note 33) lägen wesentliche Wertungen dann vor, wenn Fotografien über den privaten Gebrauch hinaus für die Öffentlichkeit bestimmt sind, insbesondere dann, wenn die Fotografie kommerziellen Zwecken

Dies kann aber nur für die Realität suggerierende Reproduktionsfotografien gelten. Andere Abbildungen wie Gemälde oder auch künstlerisch gestaltete Fotografien lassen die eigene Wahrnehmung des Künstlers deutlich erkennen und werden von Ansprüchen des Sacheigentümers nicht erfasst. Der Künstler ersetzt nicht die Wahrnehmung des Sacheigentümers. Aus diesem Grunde kann er sich nicht gegen die Auseinandersetzung mit dem Werk, und sei sie noch so detailgetreu wie bei der Appropriation Art, wehren.

2. Lichtbildschutz an der Reproduktion und Ansprüche des Grundstückseigentümers

Der Fotograf, der sich über das Fotografier- oder Verwertungsverbot des Grundstückseigentümers hinweg setzt, wird gleichwohl Urheber oder Lichtbildner. Für die Werkschöpfung ist es bedeutungslos, ob der Herstellung des Werks eine mit zivilrechtlichen Sanktionen bewehrte Eigentumsverletzung verbunden ist.[37] Nach der jüngsten Entscheidung des Bundesgerichtshofs setzen sich die Rechte des Grundstückseigentümers gegenüber dem Urheber bzw. Lichtbildner durch.[38] Diese Beeinträchtigung des Eigentums werde durch die ebenfalls ungenehmigte Verwertung der ungenehmigten Abbilder vertieft und im Verhältnis zum Grundstückseigentümer nicht dadurch gerechtfertigt, dass eine Verwertung seiner Bilder durch Dritte nur der Urheber, nicht der Grundstückseigentümer erlauben könnte.[39]

diene. M.E. kommt es weniger auf den Gebrauch als auf die Wirkung der Reproduktion an.

37 BGH, Urt. v. 23.2.1995 – I ZR 68/93, NJW 1995, 1556 f. – Mauer Bilder; *Rudolf Nirk*, Zum Spannungsverhältnis zwischen Urheberrecht und Sacheigentum. Marginalien zur BGH-Entscheidung „Mauer-Bilder", in: *Pfeiffer, Gerd; Kummer, Joachim; Scheuch, Silke* (Hrsg.), Festschrift für Hans Erich Brandner zum 70. Geburtstag, Köln 1996, S. 417, 423.

38 Einen anderen Ansatz wählt das englische common law. Die *Douglas v Hello!*-Entscheidung aus dem Jahre 2007 gewährt einen Investitionsschutz für kommerzialisierbare Aspekte der Persönlichkeit. Siehe dazu *Guido Westkamp*, „Property", „Commercial Tort" oder „Celebrity Rights": Entwickelt das englische common law ein Immaterialgüterrecht an Persönlichkeitslizenzen?, ZVglRWiss 110 (2011), S. 149 – 170. Offen ist, ob sich dieser Investitionsschutz auch auf Kunstgegenstände übertragen lässt.

39 BGH, Urt. v. 17.12.2010 – V ZR 45/10, Rn. 17.

3. Verwertung durch Dritte – Herausgabe der Nutzungen

Wie ist es aber, wenn der Fotograf einer Werbeagentur für eine Anzeige eines Kosmetikherstellers Nutzungsrechte an der Fotografie von *Sandro Boticellis* Profilbildnis einer jungen Frau[40] gegen Entgelt einräumt, die er in der aktuellen Ausstellung im Bode-Museum angefertigt hat?

Der Grundstückseigentümer des Bode-Museums hat keine Ansprüche gegen die Werbeagentur. Sie nutzt das Lichtbildwerk bzw. Lichtbild und nicht das Grundstückseigentum. Der Besuchervertrag des Fotografen mit dem Bode Museum hat nicht das Fotografieren zu kommerziellen Zwecken als Leistungsgegenstand. Wegen des schadenserechtlichen Bereicherungsverbotes kann das Museum nicht die Einräumung von Nutzungsrechten, Herausgabe der Fotografie oder den Erlös mit dem Dritten verlangen. Angenommen, die Fotografien haben keinen verfälschenden Charakter, dann stehen auch dem Sacheigentümer des Kunstwerks keine Ansprüche zu.

Ein Bereicherungsausgleich über die Eingriffskondiktion ist aber möglich. Die Innenansichten des Museums sind dem Eigentümer bzw. Nutzungsberechtigten als Gebrauchsvorteile i.S. von § 100 Hs. 2 BGB zugewiesen.[41] Der Fotograf hätte bei rechtmäßigem Verhalten, die Fotografie nicht kommerziell verwerten dürfen. Das Museum hat daher Anspruch auf Übertragung eines ausschließlichen Nutzungsrechts aus der Eingriffskondiktion (§ 812 Abs. 1 S. 1, Alt. 2 BGB). Soweit sich die Werbeagentur ihrerseits bereits ein solches ausschließliches Nutzungsrecht hat übertragen lassen, geht der Sukzessionsschutzes der Werbeagentur (§ 34 Abs. 1 S. 1 UrhG) vor. Der Fotograf schuldet in diesem Falle aber Wertersatz nach § 818 Abs. 2 BGB.

Der urheberrechtliche Sukzessionsschutz beschränkt de facto die Rechte des Sacheigentümers. Die unerlaubte kommerzielle Nutzung wird für ihn oft erst erkennbar, wenn er seinen Anspruch auf Einräumung eines ausschließlichen Nutzungsrechts wegen eines vorrangigen Nutzungsrechts an einen Dritten nicht mehr durchsetzen kann.

40 Tempera auf Pappelholz, Maße 47,5 x 35 cm, Datierung um 1476, Aufbewahrungsort: Gemäldegalerie, Staatliche Museen zu Berlin, Kat.-Nr. 106 A.

41 *Götz Schulze* in seinem Habilitationsvortrag vor den Mitgliedern der Juristischen Fakultät Heidelberg, „Das private Hausrecht: dingliche Sachherrschaft über einen Raum – zugleich Rechtsschutzform für immaterielle Güter und Leistungen“ (unveröffentlicht – mit freundlicher Genehmigung von *Götz Schulze*); a.A. BGH, Urt. v. 17.12.2010 – V ZR 45/10, der auf Früchte gem. § 99 Abs. 3 BGB abstellt.

IV. Zusammenfassung

Das bloße Fotografieren verletzt das Eigentum i.S.d. § 903 BGB nicht ohne Weiteres. Es existiert kein allumfassendes Recht am Bild der eigenen Sache, welches mit dem Urheberrecht vergleichbar wäre. Die Eigentümer der ausgestellten Gemälde dürften aber Ansprüche gegen verfälschende Reproduktionsfotografien haben. Die fotografische Verwertung von Ansichten von dem Grundstück aus steht darüber hinaus dem Grundstückseigentümer zu, soweit er sie sich beim Zutritt erkennbar vorbehalten hat.

Die Unterlassungs- und Schadensersatzansprüche des Grundstückseigentümers gehen gegenüber dem entstehenden Urheber- bzw. Leistungsschutzrecht an der Fotografie vor. Dies betrifft aber nur das Verhältnis zwischen Störer und Grundstückseigentümer. Im Verhältnis zu Dritten kann er im Wege der Eingriffskondiktion von dem Fotografen verlangen, dass ihm ausschließliche Nutzungsrechte an den entstandenen Lichtbildern bzw. Lichtbildwerken übertragen werden. Der Sukzessionsschutz des Dritten beschränkt dabei aber wiederum die Rechte des Grundstückseigentümers.

Die Rücken der Bilder – rechtliche Relevanz von Hängungsanweisungen

*Urban von Detten**

Seit der Feststellung Fichtes im Jahr 1793 mit den Worten „Wir können an einem Buch zweierlei unterscheiden: Das körperliche desselben, das bedruckte Papier; und sein geistiges."[1] besteht das Problem der Trennung zwischen Eigentum und Urheberrecht. Bei den Werken der bildenden Kunst wirft die Abgrenzung der beiden Sphären von Urheber und Eigentümer im Gegensatz zu anderen Werkarten durch die untrennbare Einheit von materiellem Werkstück und in diesem verkörperten geistigen Werk besondere Fragen auf. Während beispielsweise ein Komponist oder Schriftsteller jeweils bei der Einräumung der entsprechenden Nutzungsrechte neben der dinglichen Beschränkung der Nutzungsrechte auch schuldrechtlich seine Vorstellungen gegenüber Dritten durchsetzen kann und auch bei jeder Einräumung der Nutzungsrechte neu überlegen kann, inwiefern diese eingeräumt werden sollen, ist dies dem bildenden Künstler nur eingeschränkt möglich, da er sein Werk nur einmal veräußern kann und somit auch lediglich gegenüber dem Ersterwerber des Werkes Regelungen treffen kann.

Hinzu kommt, dass das Ausstellungsrecht gemäß § 18 UrhG auf das Original oder Vervielfältigungsstücke eines unveröffentlichten Werkes der bildenden Künste oder eines unveröffentlichten Lichtbildwerkes begrenzt ist. Durch diese Begrenzung auf unveröffentlichte Werke tritt der „urheberrechtliche Verbrauch" beim Ausstellungsrecht nach § 18 UrhG besonders frühzeitig ein. Das Ausstellungsrecht erlischt, wenn das Kunstwerk veröffentlicht worden ist. Dies hat zur Folge, dass der Künstler auf die Art und Weise der Ausstellung seiner nicht mehr in seinem Eigentum befindlichen Bilder in der Regel nicht mehr einwirken kann.

In der Literatur gibt es viele Stimmen, die die Erweiterung des Ausstellungsrechts auf schon veröffentlichte Werke fordern. Jedoch wird diese Erweiterung des Ausstellungsrechts auf schon veröffentlichte Werke zumeist zur Durchsetzbarkeit einer ebenfalls geforderten Ausstellungsvergütung für den bildenden Künstler gefordert.[2] Die meisten Fürsprecher einer Erweiterung des Ausstel-

* RA Dr. Urban von Detten, Hogan Lovells International LLP, Hamburg.

1 *Fichte*, Berlinische Monatsschrift, 21. Band (1793), Neuabdruck in UFITA Bd. 106 (1987), 155, 156.

2 Vgl. *Beyer*, Ausstellungsrecht und Ausstellungsvergütung, Baden-Baden 2000.

lungsrechts und einer Ausstellungsvergütung wollen das so erweiterte Ausstellungsrecht durch eine Schrankenregelung und eine Verwertungsgesellschaftenpflichtigkeit begrenzen, so dass der Urheber die Ausstellung zwar nicht verhindern kann, aber wirtschaftlich durch einen gesetzlichen Vergütungsanspruch an ihr partizipiert. Eine solche Regelung, also der grundsätzliche Zwang zu einer Autorisierung der künstlerischen Präsentation von Werken der bildenden Kunst, ließe jedoch das Interesse eines bildenden Künstlers unberücksichtigt, sein Werk auf eine bestimmte Weise an die Öffentlichkeit zu bringen. Dieses Interesse besteht aber für den bildenden Künstler auch über den Zeitpunkt der Erstveröffentlichung seines Werkes hinaus.

Eine Erweiterung des Ausstellungsrechts auf bereits veröffentlichte Werke würde, neben der Möglichkeit einer wirtschaftlichen Partizipation an der Ausstellung durch eine Ausstellungsvergütung, auch die urheberpersönlichkeitsrechtlichen Belange der bildenden Künstler stärken. Die Erweiterung des Ausstellungsrechts auf bereits veröffentlichte Werke würde dem bildenden Künstler die Möglichkeit geben, gegenüber dem Erwerber des Kunstwerks die Einräumung des Ausstellungsrechts zu beschränken. Eine solche Beschränkung von Nutzungsrechten, zu dem das Ausstellungsrecht bei Erweiterung auf auch bereits veröffentlichte Werke „aufsteigen würde", hat den großen Vorteil, dass diese Wirkungen erga omnes haben. Wie bereits eingangs erläutert, kann der bildende Künstler nicht an unzählige verschiedene Personen Nutzungsrechte an seinem Kunstwerk einräumen und bei der Nutzungsrechtseinräumung gegenüber den jeweiligen Nutzern schuldrechtlich vereinbaren, wie die Nutzung zu erfolgen habe, sondern kann lediglich schuldrechtliche Vereinbarungen und dinglich wirkende Beschränkungen der Nutzungsrechte gegenüber dem einen Käufer seines Kunstwerks vereinbaren. Bei Erweiterung des Ausstellungsrechts auf bereits veröffentlichte Werke hätte der bildende Künstler – wie Urheber anderer Werkarten auch – die Möglichkeit, durch dinglich wirkende Beschränkungen des Ausstellungsrechts sicherzustellen, dass die vereinbarten Bedingungen auch bei einem Weiterverkauf durch den Erwerber des Kunstwerks beachtet werden müssen.

Die an einer Erweiterung des Ausstellungsrechts auf bereits veröffentlichte Werke geübte Kritik kann ich insofern nicht nachvollziehen, da eine ungehinderte Kunstvermittlung mit der Beschränkung des Ausstellungsrechts auf unveröffentlichte Werke meiner Meinung nach nicht erreicht wird. Mir leuchtet es nicht ein, warum der Ausstellungsbetrieb durch die Launen der Künstler mehr behindert werden sollte[3], als durch die Entscheidungsgewalt der Eigentümer der Wer-

3 Vgl. Begründung des Regierungsentwurfs zur Einführung des Urheberrechtsgesetzes von 1965, Bundestags-Drucksache IV/270, S. 27 bis 116, abgedruckt in UFITA Bd. 45 (1965 II), 240, 263.

ke. Auch die Künstler haben in der Regel ein großes Interesse an der Ausstellung ihrer Werke und erlangen erst durch die Ausstellung eine größere Bekanntheit und haben nun auch europaweit durch das harmonisierte Folgerecht an der Wertsteigerung teil, die ihre Werke durch Ausstellung erfahren. Darüber hinaus muss meiner Auffassung nach auch respektiert werden, wenn ein Künstler nur eine ganz spezielle Präsentation seiner Werke wünscht. Sollte dies dazu führen, dass niemand mehr seine Werke kauft oder ausstellen möchte, ist es an dem Künstler selbst, seine Einstellung zu überdenken oder – gezwungen durch die Notwendigkeit, vom Verkauf seiner Bilder leben zu müssen –, auf die Durchsetzung seiner Vorstellungen zu verzichten.

Auch unter der Prämisse, dass der Gesetzgeber in der Zukunft das Ausstellungsrecht auf bereits veröffentlichte Werke erweitern wird, stellt sich aber die Frage, welche konkreten Ausstellungsbedingungen der bildende Künstler anhand der dinglich wirkenden Beschränkung des Ausstellungsrechts gegenüber jedermann durchsetzen könnte. Gemäß § 31 Abs. 1 Satz 2 UrhG können Nutzungsrechte räumlich, zeitlich oder inhaltlich beschränkt werden. Zweifellos könnte damit das Ausstellungsrecht zeitlich für eine gewisse Anzahl von Ausstellungen oder für eine bestimmte Zeit oder örtlich für ein bestimmtes Land oder Gebiet beschränkt eingeräumt werden. Inhaltlich wäre jedoch nicht jede Beschränkung zulässig. Nach der Rechtsprechung des BGH sind nämlich nur solche inhaltliche Beschränkungen der Nutzungsrechte zulässig, die eine technisch und wirtschaftlich eigenständige Verwertungsform darstellen.[4] Auch wenn es Entscheidungen gibt, die beispielsweise bei der inhaltlichen Beschränkung des Verbreitungsrechts auch die Art der Verbreitung z.B. auf einen bestimmten Absatzweg für zulässig erachtet haben[5], so erscheint es mir höchst zweifelhaft, dass eine bestimmte Hängung, Beleuchtung oder andere Ausstellungsbedingungen bei der Übertragung des Ausstellungsrechts als inhaltliche Beschränkung vereinbart werden könnten.

Daher bleibt es meiner Ansicht nach dabei, dass – auch bei der Erweiterung des Ausstellungsrechts auf bereits veröffentlichte Kunstwerke – der Künstler lediglich die Möglichkeit hat, gegenüber dem Ersterwerber schuldrechtlich bestimmte Ausstellungsbedingungen zu vereinbaren, die dann aber lediglich inter partes wirken.

Der bildende Künstler kann letztlich nur auf die zentrale Vorschrift des Werkschutzes, den § 14 UrhG, rekurrieren, der ihm das Recht gibt, eine Entstellung oder eine andere Beeinträchtigung seines Werkes zu verbieten, die geeignet ist,

4 BGHZ 95, 274, 283 – GEMA-Vermutung I; BGH GRUR 1990, 669, 671 – Bibelreproduktion: Der Buchvertrieb über Kaffeefilialen stellt keine gegenüber dem Vertrieb über die sonstigen Nebenmärkte selbständig abspaltbare Nutzungsart dar.

5 Vgl. BGH GRUR 1959, 200, 202 – Heiligenhof, noch zum damaligen § 8 Abs. 3 LUG.

seine berechtigten geistigen oder persönlichen Interessen zu gefährden. Natürlich ist es vorstellbar, dass Ausstellungen durch ihre Gestaltung oder ihr Konzept den Gesamteindruck von Werken der bildenden Kunst und ihre Beziehung zum Urheber auch ohne Substanzeinwirkung beeinträchtigen können.[6] Jedoch wird nur in Extremfällen auch bejaht werden, dass die Beeinträchtigung auch die geistigen oder persönlichen Interessen des Künstlers am Werk gefährdet.

Zudem leidet der § 14 UrhG auf der Rechtsfolgenseite an der starren Alles-oder-nichts-Lösung. Ist die Beeinträchtigung geeignet, berechtigte geistige oder persönliche Interessen des Urhebers zu gefährden, kann der Urheber die Ausstellung seines Werkes in der streitgegenständlichen Form verbieten. Anderenfalls muss er die Ausstellung dulden. Es ist dem bildenden Künstler jedoch nicht möglich, auf die Art und Weise der Ausstellung seiner nicht mehr in seinem Eigentum befindlichen Werke Einfluss zu nehmen und eine bestimmte Präsentation seiner Werke durchzusetzen.

In diesem Zusammenhang und nach Gesprächen mit Dr. Ute Haug, die als Provenienzforscherin an der Hamburger Kunsthalle arbeitet, bin ich auf sog. Hängungsanweisungen aufmerksam geworden. Dr. Ute Haug berichtete mir, dass sie im Jahr 2004/2005 in der Hamburger Kunsthalle eine Ausstellung kuratiert hat, die den Namen „Die Rücken der Bilder“ trug. In dieser Ausstellung wurde an charakteristischen Beispielen ein Blick darauf frei, wie Rückseiten von Bildern überhaupt aussehen, was sie darüber hinaus als Dokumententräger und historische Quellen verraten, was sie etwa über Restaurierung mitzuteilen haben, wie Künstler aus den Rückseiten Kunstwerke gemacht oder wie sie Vorderseiten verworfen und in Rückseiten verwandelt haben, zusammenfassend: welche unterschiedlichen künstlerischen und nicht-künstlerischen Funktionen die Rücken der Bilder vom Mittelalter bis in die Gegenwart haben können.[7]

Teilweise befinden sich auf den Rückseiten der Bilder handschriftliche Anweisungen der Künstler über die spezielle Hängung der Bilder. Beispielsweise möchte der Künstler Georg Baselitz, dass seine Bilder auf dem Kopf stehend gehängt und präsentiert werden. Die Kompositionen seiner Bilder sind auf dem Kopf stehend angelegt. Um Zweifel über die vom Künstler intendierte Ausrichtung des Bildes zu beseitigen, befinden sich daher auf der Rückseite seiner Bilder in der Regel Richtungspfeile. Auch bei anderen Künstlern, wie z.B. bei den „Dynamischen Strukturen“ von Heinz Mack oder Bildern von Raimund Girke sind auf den Rückseiten der Werke Richtungspfeile für die Hängung ange-

6 Vgl. *v. Detten*, Kunstausstellung und das Urheberpersönlichkeitsrecht des bildenden Künstlers, Frankfurt a.M. 2010, S. 98 – 115.

7 Vgl. *Haug*, Die Rücken der Bilder, Hrsg. *Uwe M. Schneede*, aus Anlass der Ausstellung „Parcours: Die Rücken der Bilder“, 15. Oktober 2004 bis 17. April 2005 in der Hamburger Kunsthalle.

bracht.[8] Bei anderen Werken wiederum ergibt sich die vom Künstler intendierte Anordnung bereits aus dem Namen des Bildes. Als bestes Beispiel sei hier das Bild „Left Corner Square to the Corner (five sided)“ von Richard Serra genannt, welches nach dem Willen des Künstlers in der linken Ecke einer Wand angebracht werden soll.

Es stellt sich daher die Frage, welche rechtlichen Auswirkungen solche Anweisungen bezüglich der Hängung des Kunstwerks haben. Da der Künstler auch bei Erweiterung des Ausstellungsrechts auf bereits veröffentlichte Werke bei Übertragung des Ausstellungsrechts nur die Möglichkeit hat, dieses auf technisch und wirtschaftlich eigenständige Verwertungsformen zu beschränken, zu denen eine bestimmte Hängung vermutlich nicht zählen dürfte, könnte man hinsichtlich solcher Hängungsanweisungen den Ansatz verfolgen, dass diese als Teil des Werkes aufgefasst werden müssen und somit zwingend Beachtung finden müssen. Bei einer Installation würden mir vermutlich die meisten Recht geben, wenn man die zwingende Beachtung der Aufbauanweisung des Künstlers bei der Ausstellung der Installation fordert.

Meiner Meinung nach müsste aber auch eine Hängungsanweisung, die sich aus der Signatur, einem Richtungspfeil, dem Namen des Werkes, einer Beschreibung auf der Rückseite des Werkes oder aus einer beigefügten Anweisung in der Gemäldeakte ergibt, zwingend Beachtung finden. Es kann doch keinen Unterschied machen, ob ein Künstler die Anleitung zum Aufbau einer Installation gibt oder ob ein Künstler die Ausstellungsbedingungen seines Werkes zwingend festlegt – mögen sie auch noch so detailliert und insbesondere im Rahmen einer Ausstellung neben anderen Werken schwer umsetzbar sein. Eine Hängung, die einer solchen Anweisung zuwiderläuft, würde eine Beeinträchtigung des Werkes darstellen und müsste bei der Interessenabwägung im Rahmen des § 14 UrhG stets zu einer Entscheidung zugunsten des Urhebers führen. Dass die Werke des Künstlers unter Umständen nicht gekauft, geschweige denn ausgestellt werden, ist das Problem des Künstlers; ändert jedoch nichts an der rechtlichen Relevanz dieser Hängungsanweisungen.

Auch wenn man die Auffassung vertreten wollte, dass eine derartig absolute Wirkung, durch die das Ausstellungsrecht und das Recht des Eigentümers aus § 903 BGB, mit der Sache nach Belieben verfahren zu können, zwingend eingeschränkt wird, zu weit führe, sollten auf dem Werk angebrachte oder aus anderen Umständen, wie z.B. der Gemäldeakte ersichtliche Hängungsanweisungen des

8 Z.B. bei den Werken „Bildelf“, 1992, „Bildachtzehn“, 1993, „Bilddreißig“, 1994, von Georg Baselitz; „Dynamische Struktur“, 1961, von Heinz Mack, „Ohne Titel“, 1988, von Raimund Girke; die Beschreibungen der Rückseiten der Bilder sind abgedruckt in *Heinrich/Müllerschön*, Die Sammlungen der Hamburger Kunsthalle, Band V-1, Die Galerie der Gegenwart, Gemälde, Objekte, Installationen, Hamburg 2008, S. 199 ff.

Urhebers, zumindest in der Interessenabwägung im Rahmen des § 14 UrhG Beachtung finden. Liegt eine solche Anweisung bezüglich der Hängung des Werkes vor, ist dem Aussteller der Urheberwille ausdrücklich bekannt und bewusst. Es muss daher in der Abwägung der sich gegenüberstehenden Interessen im Rahmen des § 14 UrhG berücksichtigt werden, ob die Realisierung des Konzeptes des Ausstellers auch bei Einhaltung der Künstleranweisungen möglich gewesen wäre.

Selbstverständlich darf in der Kunst der notwendige Freiraum nicht durch sensible Künstlerpersönlichkeiten zu weit eingeschränkt werden. Jedoch gebührt der Beziehung des bildenden Künstlers zu seinem Werk – auch nach Verkauf seines Werkes – der ebenfalls notwendige Respekt. Nicht jede Art der Präsentation eines Werkes muss durch den Künstler hingenommen werden, nur weil er durch Veräußerung seines Werkes dieses in die Öffentlichkeit entlässt.